从玩不停到忘不了

给老爸老妈的脑力营养品

诚和敬 ◎ 著

中华工商联合出版社

图书在版编目（CIP）数据

从玩不停到忘不了 / 诚和敬著． —— 北京：中华工商联合出版社，2021．3

ISBN 978-7-5158-3005-6

Ⅰ．①从… Ⅱ．①诚… Ⅲ．①智力游戏—中老年读物
Ⅳ．①G898．2

中国版本图书馆CIP数据核字（2021）第024193号

从玩不停到忘不了

作　　者：诚和敬
出 品 人：李　梁
责任编辑：吴建新
封面设计：张合涛
责任审读：于建廷
责任印制：迈致红
出版发行：中华工商联合出版社有限责任公司
印　　刷：北京市毅峰迅捷印刷有限公司
版　　次：2021 年 4 月第 1 版
印　　次：2021 年 4 月第 1 次印刷
开　　本：880 mm × 1230 mm　1/24
字　　数：160 千字
印　　张：9.25
书　　号：ISBN 978-7-5158-3005-6
定　　价：49.90 元

服务热线：010-58301130-0（前台）
销售热线：010-58302977（网店部）
　　　　　010-58302166（门店部）
　　　　　010-58302837（馆配部、新媒体部）
　　　　　010-58302813（团购部）
地址邮编：北京市西城区西环广场 A 座
　　　　　19-20 层，100044
http://www.chgslcbs.cn
投稿热线：010-58302907（总编室）
投稿邮箱：1621239583@qq.com

编　委　会

主任：罗珊珍　宫熳茹

编委：（按姓氏笔画排序）

王　宇　王海珍　王道湍　李德华

杨丽娟　范寅泰　周翔宇　姜　楠

郭毓姝　龚　梅　程雅璐

推荐序

生活即游戏

——如何拥有生机勃勃的人生晚年

当社会步入人口老龄化时代，回答"如何度过老年期"或者"如何成功老化"等问题便成为一门社会显学。今天，我国人口的预期寿命已经接近80岁。如果按55岁退休来计算，等待退休者的将是至少25年的老年期。在人生的头25年，一个人从软弱依赖的婴儿逐渐成长为独立成熟的成年人。这期间，生命的姿态是生机勃勃的，我们不懈努力，不断学习、探索和实现自己的目标。相同的时间长度，放在人生的后25年，我们的生命又该以怎样的姿态度过呢？这真是一个值得深入思考的问题。

当然，我们最关注的是健康。然而，不管我们多么注重养生和保健，躯体的老化、疾病和死亡都是不可避免的结局。随着现代医学诊疗技术的发展，越来越少的人能够无疾而终。参与我们的课题的社区老人中，有一个稳定存在却令人心情复杂的数据：70岁左右的老人罹患慢性疾病的数量为人均3—4种。人生的后25年很可能是与病共舞的时期，我们如何跳好这段漫长的"双人舞"，是关乎健康的首要问题。

同时，我们也希望拥有快乐和幸福。幸福是主观的个人感受，幸福的人往往是满足的。究其根本，对自己的活动能力以及社会关系感到满足的人，就会感到幸福和快乐。活动能力可以让人实现自主性和价值感，而社会关系可以让人感受到温暖和归属。自主、价值和情感归属等是人的基本心理需求，若有缺失就会导致不幸福。在人生后 25 年，如何保持良好的活动能力和社会关系，是关乎幸福的根本问题。

　　因此，健康和幸福是后 25 年的基本生活目标。我们是否可以像人生的头 25 年那样，以生机勃勃的姿态追求健康和幸福呢？当然可以。虽然，走在人生后 25 年，我们可能感觉步子小了，节奏慢了，强度低了，数量少了，但这些都不是阻挡我们努力变得生机勃勃的理由。生机勃勃的生命姿态是晚年真正实现健康和幸福的唯一方式。

　　那么，人生后 25 年的生机勃勃是怎样的姿态？答案就蕴含在《从玩不停到忘不了》这本轻快活泼的聪明小书里。如果你用心、用手、用脑跟随此书走一趟，你就会收获健康和幸福的三个良方。

　　第一，笑。从书中人物的名字到故事中的情节，"笑"这个字一直高频出现。笑不仅让心情放轻松，还有益健康和长寿。我们曾将 20 世纪最伟大的 100 位心理学家的照片拿来做分析，那些面带笑容的心理学家比面容严肃的平均多活了 7 岁。无独有偶，哈佛大学有一个毕业生的追踪研究也发现：毕业合影中面带笑容的学生也比不笑的平均寿命长 7 岁。因此，"笑一笑，十年少"的俗语有一定的科学依据。

第二，玩。全书有 73 个脑力游戏，训练到了人类认知活动的所有基本成分，例如反应速度、注意力、记忆力、空间感知、语言能力、数字与图形能力等。如果读者认真做完书中每一个游戏，大脑将得到一场前所未有的专业训练。但是，作者为什么不直接呈现各种训练题目，而是要煞费苦心地将训练题目包装在游戏情景中呢？这是因为，游戏比做题本身更有助于激发快乐和头脑活力。因此，书名中的"玩"便彰显了作者的智慧。

第三，动。隐含在书名"不停"二字中的就是"动"的意味。我常听到一些老年人自嘲为"三等"公民，即等吃、等喝、等死的人。这很消极，我相信没有任何一个老人愿意被贴上这种标签。不过在现实中，我确实看到有些老人不自觉地陷入了"三等"状态：人生不再有目标，没有爱好或兴趣，不关心周围人和事，日常活动固定而单调……这样的日子只能距离健康和幸福越来越远。我们的研究发现，对退休做文化娱乐活动规划的老人比只做养老规划的老人，对生活的满意度更高。本书中的主人公"脑大爷"便是一个"动"的典型，读者在每个故事里，都仿佛看到他富有活力的身影。像"脑大爷"那样动起来，主动参与家庭生活和社会生活，才是实现老年期健康和幸福的有效途径。

细数起来，本书蕴含的有益健康和幸福的生活原理还有很多，例如建立健康生活方式、珍惜身边的亲情、保持人际交往、常常表达感谢和感恩等。尽管作者设计的人物和家庭关系是虚构的，带有一定的理想化色彩，但是人物和故事中散发出来的生机勃勃的生命状态却是真实可行的，也是人生后 25 年该有的生命姿态。

三年前，我与诚和敬乐智坊的年轻人结缘，与他们一见如故。虽然我做的是老年心理学基础研究，而乐智坊小伙伴们做的是老年社会学与心理学的应用服务，但我们的兴趣和价值理念相投，这让我们的交流顺畅而深入，成为同道好友。据我了解，他们在最近几年致力于认知症（痴呆）的康复训练和早期防治，开发了不少实用的方法和工具。《从玩不停到忘不了》就是他们新开发的一部预防认知衰退的工具书。我深知，遵循科学方法研制工具的难度和需要付出的时间成本，并不一定与市场反映成正比，但是让我深深感动的是，诚和敬乐智坊没有放弃专业性和科学性，这在逐利为纲的市场中实为难得。

祝贺并感谢诚和敬乐智坊的年轻人，请继续努力，不弃初心！

王大华

北京师范大学心理学部教授

脑大爷家庭档案

个人资料

姓　　名：伩（nǎo）建国

昵　　称：脑大爷

性　　别：男

出生年月：1949 年 11 月

政治面貌：中共党员

性　　格：脾气火爆，有点执拗；做事一板一眼，凡事都讲规则；热
心肠；善于学习新鲜事物。

职业生涯：从军十几年，退役后进入工厂，现已退休。

语言习惯：夹杂着山东口音的东北话。

主要愿望：发挥余热，为社会更加美好、祖国更加昌盛贡献出自己的
一份力量。

家庭主要成员

老伴薛秀兰
退休语文教师，重庆人，学生每年都会和她一起庆祝教师节。

大儿子俭大伟、大儿媳王丽丽

大儿子夫妇工作繁忙，女儿小雨从小在爷爷奶奶
身边长大。

小女儿俭小萍、小女婿陈宇立

小女儿小萍性格火暴，最像脑大爷，女婿性格比较
温和。两人有一个儿子叫帅帅，一个女儿叫笑笑。

大孙女小雨

19 岁，正在北京读大学，担任学生会干部，从小成绩优异，是大
家眼中公认的"别人家的孩子"，和爷爷奶奶比较亲近。

小外孙帅帅

初中生，聪明好动，人缘极佳，在学校和外国交流生也能打成一片。

小外孙女笑笑

5 岁，就读于脑大爷家附近的幼儿园，聪明伶俐，古灵精怪，是
姥姥姥爷的开心果。

序

脑大爷的自述

我叫伩（nǎo）建国，人称"脑大爷"，性格风风又火火，充满豪情与气魄，每天认真做训练，乐得自在更快活！

什么？做啥训练？

嘿，人到暮年不服老，就是记忆不太好，做饭放盐好几遍，经常来把钥匙找。买菜算钱算不清，闺女老伴儿轮番吵，买了三无保健品，产生矛盾真不少！闲来坚持做训练，功能维持少不了！少不了！

各位看官，到这里，您是不是觉得我是一个晚年生活状况百出的急脾气老头？其实说得也没错，就连老伴儿薛老师都总说我："倔老头哦，倔老头！"哈哈，我倒是觉得，像我这样性格火暴，有点执拗，年纪大了以后记性又变差的老伙伴肯定不少，到处都能找到好朋友嘞！

我退休后就一直居住在北京，今年72岁了，看我的名字想必您也能大概猜出我的出生年份，没错，我是1949年生人，和咱们祖国同岁。我祖籍沈阳，年轻的时候，去山东当兵待了十几年，军旅生涯造就了我一板一眼的性格，凡事都讲究"规则"二字，所以在家里，我是说一不二的规则制定者，老伴儿和孩子都得听我的！

我最大的梦想就是老了之后依然能够发挥余热，为国家、为社会多做贡献！可是最近，我感觉有些力不从心了，也不知道是因为年龄大了还是怎么的，记性越来越差，常常拿了东忘了西，出门还经常搞不清方向，所以啊，日常也会多做一些脑力游戏来维持认知功能。听说身边许多老年人都会遇到和我一样的情况，那我索性把训练内容整理出来形成了这本书，大家可以跟我一起看，一起练大脑，一起维持认知功能水平！哦，对，千万别嫌我唠叨，里面还会有很多我的生活趣事呢！

说到我的生活趣事，就不得不提我的家人了。我生活在一个有爱的大家庭中，老伴儿今年也70岁了，我们两个是经领导介绍结婚的，转眼间结婚已经快50年了，吵吵闹闹地过了大半辈子。大家都羡慕我们儿女双全，孩子们都孝顺懂事，大儿子佟大伟和大儿媳丽丽人到中年，正是事业最忙的时候，大孙女小雨也刚刚升入大学，不用我们太操心。小女儿佟小萍和女婿宇立也十分恩爱，小外孙帅帅、小外孙女笑笑都活泼可爱，我们是幸福的一家人！

我还有很多好朋友、好邻居，比如老刘、老聂，还有老郭头等，在这里就不一一赘述了，接下来的分享中你们会越来越熟悉我们。通过这本书，相信大家会越来越了解我的生活，大家也会喜欢上我的家人朋友们。人到了我这个年纪，总会遇到各种各样的变化，现在就和我一起来做有趣的大脑训练吧，一年四季都可以在玩中练，练中玩，一起玩不停，最后忘不了！

目 录

第一章

课后作业大对决

"老头子，这才 4:20，你去这么早干嘛？幼儿园 5 点才放学呢。"薛老师从厨房里走出来，看看挂钟，不解地问。

"薛老师，你不知道你那宝贝疙瘩要当第一名，让我保证今天她得是全班第一个被接走的。"脑大爷一边无奈地笑着回答，一边戴帽子、围巾，还不忘给保温壶里灌满温水。

"今天要早点去等着，我得排到前面，要不然就没办法第一个冲进幼儿园了。唉，老刘那家伙每天都去得可早了，总跟我对着干。你说过去工作时比着干，现在都退休了还跟我较劲，接孩子放学也要争个早晚。"说着，脑大爷往口袋里装上几块小外孙女爱吃的小零食。

"快去吧！你跟老刘一个样，谁也别说谁。"薛老师忍不住笑起来，帮脑大爷整整帽子。

　　五岁的小外孙女笑笑就在家附近的幼儿园上学，小女儿夫妻都是上班族，日常接送任务就落到了脑大爷老两口头上。笑笑是脑大爷和薛老师的心头肉，平时童言童语逗老两口一笑，一天不见心里便空落落的。

　　因为急着接笑笑，脑大爷大步流星地出了门，远远看到幼儿园门口已经三三两两站了几个人，心里说："坏了，还是来晚了！"赶紧一路小跑起来。气喘吁吁地跑到门口仔细一瞧，"嘿嘿，笑笑同班小朋友的家长中，我是第一个呀！"顿时把心放到肚子里。脑大爷占据了有利地形，找了个离门最近的位置站着，摸出手机一看，时间还早，那就看会儿新闻吧。来接孩子的人渐渐多了起来，还没看两条，自己就被人群挤得左摇右晃，人头攒动中，有个老头边摆手边向自己这边挤过来，嘴里还喊着："老脑！老脑！喂！这儿呢！"定睛一看，这不是老刘吗？只见他背着一把吉他，提着一个大书包，活像个街头卖艺的。正这样想着，老刘已经来到了脑大爷面前。

　　"我叫你呢，你没听见啊，你今天怎么来这么早啊？"

　　"笑笑让我第一个接她，你可别给我捣乱，后边儿站着去！"

　　"行行行，今天不跟你争，你第一，我第二，行吧？"吉他肩带滑落，老刘把吉他往上背了背。

　　"诶，我说老刘，你这是要去公园卖艺啊？"脑大爷打趣道。

　　"哪儿啊，这是我儿子给天天刚报的兴趣班，说是多考几个证书，上小学可以加分啥的，我也不大懂，反正让我接送我就接送。"

脑大爷一脸鄙夷，"我说老刘啊，我记得你家天天不是报了书法班吗，怎么又来一个吉他班啊，孩子才多大，不怕把孩子累着。"

"谁说不是呢，可是我也管不了啊，爱报就报吧！"

"铃铃铃——"幼儿园的门开了，小朋友们在老师的带领下，陆续走出教室，只见脑大爷跑上前去，来到笑笑班级旁边，刚一露脸，立刻听到一个清脆、喜悦的童音："姥爷！姥爷！"随即一团小旋风就扑到他腿边，"您今天是第一名！第一名！"

脑大爷急忙牵起小外孙女的手，高兴地说："嗯，嗯，姥爷说话算话吧。来，快跟齐老师说再见吧！姥姥在家等我们呢。""姥爷，您看墙角那儿是什么花？好香呀！"还没等姥爷说完，笑笑拉着姥爷往窗外的墙角走去，指着那几株花问姥爷。"让我看看，这是梅花啊。笑笑，梅花可是我国十大名花之首，姥爷希望你以后像梅花一样谦虚、高洁。"笑笑似懂非懂地点了点头。"姥爷姥爷，齐老师今天说回去要画一幅画当家庭作业，我就画梅花吧。""好呀，那姥爷回去给你找一幅画，让你照着画。"

请您帮笑笑在第 5 页的画框中完成"画梅花"的作业吧。

脑大爷拉着笑笑说："快跟老师说再见吧！姥姥在家等我们呢。"

"齐老师再见！"

"笑笑姥爷，您稍等一下。"齐老师叫住脑大爷，"马上就要开新年歌会了，我想安排笑笑在合唱中领词，歌词已经发到咱班级群里了，您回家让她练练。""谢谢老师，我们回家好好准备。"脑大爷牵着笑笑往外走，在校门口碰到了等车的老刘和天天。笑笑见到刘爷爷，有点害羞，并不主动上前说话，还是老刘主动和笑笑搭话："笑笑还是这么腼腆啊，越长越好看了。"

　　"刘爷爷，您要带着天天去哪里呀？去我家玩吧。"笑笑躲在姥爷身后探出头来说。

　　"谢谢笑笑，但是今天爷爷要带着天天去学吉他呢，改天吧。车来了，天天和笑笑说再见！"说着老刘一手提着双肩包，一手拉着天天上前追赶公交车，背上的大吉他在屁股后面一颠一颠的。

　　"笑笑再见！脑大爷再见！"天天回过头有些沮丧地和脑大爷、笑笑说了再见。

　　望着老刘和天天的背影，脑大爷搓了搓手，说："你看天天多辛苦，这么小就上那么多补习班，连玩的时间都没有喽！哎！行了笑笑，咱们回家吧。"

　　北京刚刚下完一场大雪，在马路牙子上，环卫工人们扫着雪，一大一小两个身影在白雪中渐行渐远，身后两串脚印一大一小、一深一浅，发出"咯吱咯吱"的声响。脑大爷看着眼前这厚厚的积雪，不禁想起毛主席的《沁园春·雪》。这首词描写了北方的壮丽雪景，以及毛主席对祖国壮丽河山的热爱，整首词意境壮美，气势恢宏。脑大爷看着笑笑心里想，等笑笑再长大点儿可要跟她好好讲讲毛主席的故事呢。

请您随着脑大爷一起回忆《沁园春·雪》这首词吧！请在如下空白处填上相对应的诗词。

《沁园春·雪》

北国风光，千里冰封，＿＿＿＿＿＿＿。

＿＿＿＿＿＿＿，惟余莽莽；大河上下，＿＿＿＿＿＿。

山舞银蛇，＿＿＿＿＿＿，欲与＿＿＿＿试比高。

＿＿＿＿＿＿＿，看红装素裹，分外妖娆。

＿＿＿＿＿＿＿＿＿，引无数英雄竞折腰。

惜秦皇汉武，＿＿＿＿＿＿；＿＿＿＿＿＿＿，稍逊风骚。

＿＿＿＿＿＿，成吉思汗，只识弯弓＿＿＿＿＿。

俱往矣，＿＿＿＿＿＿＿，还看今朝。

回家的路上，脑大爷拧开保温杯，倒出一小杯水，递给笑笑。"笑笑，你们新年歌会唱什么歌呀？"

笑笑喝了一口水说："齐老师说叫《春晓》。"

"是'春眠不觉晓，处处闻啼鸟'那个吗？"

"是。"

"这不是一首诗吗？现在都谱上曲啦？回到家你唱给姥姥姥爷听，行不行？"

"嗯……"水杯空了，可笑笑还一直举在手里，若有所思的样子。脑大爷有点纳闷，笑笑平时叽叽喳喳的，今天怎么这么安静呢？

回家后，脑大爷让薛老师把手机拿出来，说："新年歌会上咱们笑笑要领词，老师让笑笑在家背背，那词儿发群里了，你给找出来。尊敬的薛老师，背书这事儿就交给您啦！"

"真的？我们笑笑都能领词了？那可得好好练练。笑笑，来，把你在幼儿园学的这首歌唱给姥姥姥爷听听吧？"薛老师高兴得不得了，一把就把笑笑拉到面前。

"我……我……"笑笑有些不好意思，脸憋得通红。

薛老师坐在沙发上，把笑笑搂入怀中，轻轻摸着笑笑的头，温柔地说："笑宝儿，老师教你们唱了几句呀？""四句。""唱给姥姥和姥爷听一听，可以吗？""嗯，好吧。"笑笑轻轻地唱起来。唱完之后，脑大爷和薛老师一起鼓掌。笑笑害羞地笑了。"笑笑，你看，老师让你朗诵的就是这四句歌词，姥姥带着你念一念。春眠不觉晓，处处闻啼鸟。夜来风雨声，花落知多少……"

第二章

神奇的颠倒画

放寒假了，脑大爷的女儿给小外孙女报了个小主持人班，据说这个班的老师曾是知名电视台的主持人。脑大爷对于姑娘的做法不太满意，严肃地说："瞎报啥班呀，笑笑又不是不会说话，天天这班那班的，才5岁，上什么课外班呀？！以后上学了你得给她弄多少？你瞧瞧现在帅帅一天到晚就是学习，把娃都累坏了。笑笑现在上幼儿园，你就让她多玩玩，上学以后再说上学的事情，娃身体弄不好，你整这些有啥用？""爸！您别看笑笑在家里能说会道，但是出去之后胆子特别小，在幼儿园上课不敢发言，也不敢表现自己。上次新年歌会，老师安排她朗诵，在家里背得挺好的，可彩排的时候笑笑很紧张，就是背不下来，只好把她换下来了。我是希望通过上小主持人班，锻炼她的表达能力，能够增强她的自信心，培养她上台的勇气，最起码在班里联欢会的时候她也敢上台表演个节目！""行行行，你就折腾吧！"

　　小主持人班第一课讲授的内容是练习绕口令。笑笑回家后还挺来劲，要找哥哥练习，但是哥哥还要写作业，就让笑笑去找坐在沙发上看报纸的姥爷。"姥爷，姥爷，您会说绕口令吗？"不等脑大爷回答，笑笑又抢着说，"今天老师教了我们一个特别难的，我背给您听听！""好，好，好！听我的乖孙女背。""八百标兵奔北坡，炮兵并排北边跑。炮兵怕把标兵碰，标兵怕碰炮兵炮。"脑大爷冲着笑笑点点头说："嗯嗯，背得不错，学得挺快呀！""姥爷姥爷，您会说绕口令吗？"笑笑拉着脑大爷问。"这有何难，听着，吃葡萄不吐葡萄皮，不吃葡萄倒吐葡萄皮。"脑大爷得意地看着笑笑，笑笑说："姥爷好厉害呀，您再来一个！"

　　您也来试一试吧！请朗读如下绕口令！

篮球教练

蓝教练是女教练，吕教练是男教练，

蓝教练不是男教练，吕教练不是女教练。

蓝南是男篮主力，吕楠是女篮主力，

吕教练在男篮训练蓝南，蓝教练在女篮训练吕楠。

青龙洞

青龙洞中龙做梦，青龙做梦出龙洞，

做了千年万载梦，龙洞困龙在深洞。

自从来了新愚公，愚公捅开青龙洞，

青龙洞中涌出龙，龙去农田做农工。

　　帅帅做完作业从房间出来，看到姥爷和妹妹比赛，也高兴地加入"战团"，祖孙三人抢着说、比着说，特别开心。

　　这时薛老师推门进来，一看这满屋的欢声笑语，也笑眯眯地说："玩得挺欢呐！正好我从老年大学拿了一个特别有意思的东西，你们要不要看看？"薛老师手里举着一本小册子往祖孙三人眼前晃了晃。帅帅一把抢过来说："我看看，我看看。""姥姥，这个有啥特别的呀？不就是本画画的书吗？"薛老师说："去把你画画用的纸拿几张出来，试试就知道啦。"

　　薛老师安排脑大爷和笑笑分别在桌子的两边面对面坐下，把画册放在两人中间，让他们分别照着画。帅帅不觉得特别，就在场外观摩。他一会儿看笑笑画，一会儿看脑大爷画，绕着桌子转了好几圈，不时挠挠头，嘴里还嘟囔着："这是什么情况？怎么会这样呢？"薛老师拉住帅帅，说："你别转了，也不许再说话了。"帅帅还想说点什么，薛老师赶紧捂住他的嘴，冲他摇摇头。

　　没过一会儿，脑大爷和笑笑画完了。薛老师问笑笑："你画的是什么呀？"笑笑说："我画的是个小女孩儿。""你看姥爷画的呢？""跟我画的一样啊！"脑大爷一听就急忙说："不对不对！我画的是个老头呀！而且我看笑笑画的也是个老头，根本不是小女孩儿。""姥爷姥爷，咱俩画的都是小女孩儿！"笑笑也着急地说。"哈哈哈……太有意思了！"帅帅笑得直不起腰来，笑笑和脑大爷都不解地看着帅帅。帅帅忍住笑，把两幅画并排放在一起，指脑大爷画的那张问："姥爷，您画的是什么？""老头儿呀！""您看笑笑画的呢？""也是个老头儿。"接着帅帅又问了笑笑同样的问题，笑笑说都是小女孩儿。"姥爷，笑笑，你们俩换个位置吧。"脑大爷和笑笑围着桌子转了半圈，同时大叫起来："这是怎么回事？"脑大爷说："从这边看是个小女孩儿了。"笑笑说："呀！都变成老头儿了！姥姥，姥姥，您快说说这是怎么回事啊？"

下图是脑大爷和笑笑画的颠倒画。

薛老师说："这个呀，叫颠倒绘画，是一种特殊的画，正着看和倒着看，是不一样的。"

这么有意思的画，您也来画一画吧。请按照下面左图的样子，在框中临摹出来，画完之后再从正反两个角度，看看有什么不同。

看到自己带回来的画册这么受欢迎，薛老师特别高兴，得意地冲着脑大爷说："你看，我这作业挺考验脑子吧？你一点儿都没看出来，同一幅画从不同方向看是完全不同的。上回你说我上艺术课没有你的脑健康课有科学含量，这回怎么样？"脑大爷被薛老师这样一说，便有点不服气，马上说："我的作业个个都有科学含量，老师每次都会把作业能锻炼大脑什么功能告诉我们，我记得可清楚了。不信我拿来让你瞅瞅。"说完脑大爷就跑到书房把自己的作业和笔记本拿了出来，又戴上老花镜，把笔记本翻得哗哗直响。帅帅凑上来一看，不禁惊叹："哟！姥爷，您的字写得可真好呀！真工整。""那可不，你姥爷我以前可是出过黑板报的。""姥爷，您上什么学还有作业呀？""唉！姥爷年纪大了，感觉自己记忆力大不如前，以前你姥爷有什么事记在脑子里就行，不用写在本子上，现在可不行喽，你姥姥让我去小超市买东西都得写在纸上，要不总是买不全。前段时间我还去医院检查了，医生说我没有痴呆，但是应该加强锻炼。""您不是天天都在小花园的健身器材那儿锻炼吗？""医生说除了锻炼身体以外还要锻炼大脑。这不我就参加了社区组织的'脑健康促进小组'活动，每周都要上课，我也有作业呢！你们看，这就是我这周的作业。"脑大爷拿起作业本给帅帅看，"那个小老师让我们给这些图填色！"

脑大爷继续说："这个可不是普通的填色题目，小老师让我们运用'四色定理'来填色。"

帅帅一脸迷茫地望着姥爷问道："姥爷，什么是四色定理呀？"脑大爷一脸自豪地说："关于四色定理，还有个非常有意思的小故事，听姥爷给你慢慢讲。四色定理又称四色猜想，是世界著名的三大数学猜想之一。它最先是由一位名叫古……古……"脑大爷一时忘词，赶紧看了一眼笔记本，补充说道："对！叫古德里（Francis Guthrie）的英国大学生提出来的，古德里毕业后在一家科研单位搞地图着色工作时，发现每幅地图都可以只用四种颜色着色。这个现象能不能从数学上加以严格证明呢？他和正在读大学的弟弟决心试一试，但是稿纸已经堆了一大摞，研究工作却没有任何进展，他们请教了很多数学教授均无果。后来，这个问题受到了伦敦数学学会的关注，也成为世界数学界关注的问题，至今依然没有被证实。"哇——姥爷，你真厉害，懂得真多！"帅帅听得目瞪口呆。

脑大爷沾沾自喜，但脸上却故作严肃地说："今天，姥爷就要用 4 种不同颜色的彩笔，为这个格子填色，并保证同一条边相邻的两个格子是不同颜色。"

请您按照脑大爷的要求，为下图着色吧！

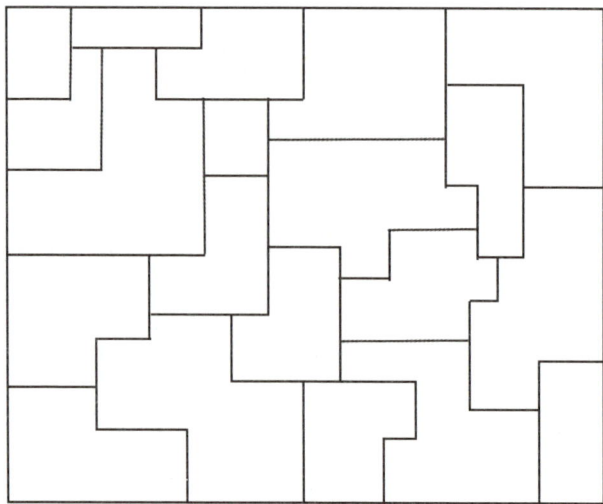

　　"对了，笑笑，姥爷还得跟你借彩笔用用呢。""好呀好呀！姥姥和姥爷也有老师管喽！"笑笑一边跑一边喊，一会儿就举着一大盒彩色铅笔跑了回来。"给您，您随便用，不用还了。"脑大爷刮了刮笑笑的鼻子，说："小调皮蛋！"

第三章

拌嘴不停的趣味购物

已经进二月了，北京干冷干冷的，大街上匆忙行走的人逐渐减少。傍晚时分，天已经擦黑了，脑大爷拎了几棵大葱走在街上，感觉脚底冻得慌，心想，回家得换双更厚的棉鞋了。

正想着，邻居老郭头提着大包小包迎面走了过来。老郭头是山东青岛人，后来随厂搬迁去了宁夏银川，现在跟着北京的二女儿生活。脑大爷和老郭头都与山东有着不解之缘，算是半个老乡，所以两个人格外聊得来。"嘿，老郭，这是去超市刚回来啊？"

"是啊。"老郭头停下来，把几大袋子东西放在地上，摘下帽子擦了擦脑门的汗珠。"刚才去超市买菜了，结果你猜怎么着？物美超市大促销呢！人山人海的，跟不要钱似的，你还别说，肉和鱼可新鲜了，鸡蛋卖得也很便宜，我买了这几大袋子，总共便宜不老少呢！你们也赶紧去看看，过年怎么着都得买东西，现在买划算！"

　　"那是不错。这眼看到年跟前儿了，今年过年就在北京过啦？"

　　"对，不回银川了，过几天青岛的大女儿和银川的小儿子都过来。"老郭头满脸笑意。

　　"我这儿也是，过两天儿子女儿都该回来了，这几天想着准备准备，打扫打扫屋子呢。好家伙，这么冷的天儿，你出这么多汗，赶紧回家吧，别感冒了。"脑大爷盘算着明天也要去超市凑个热闹。

　　"得嘞，回见！"老郭头戴上帽子，提起几个大购物袋，"吭哧吭哧"回家去了。

　　脑大爷走在小区里，抬头望望各家灯火，心想这都年跟前儿了，却一点年味儿都没有，最近总是看到街坊们拿起手机对着门上贴的福字扫一扫，听大孙女小雨说，这是最新潮的"瓜分红包"游戏，哪有传统的红包有意义啊。这时，也不知谁家的电视机中传出熟悉的《春节序曲》旋律，脑大爷加紧了回家的步伐。

　　站在家门口，摸遍了身上所有的兜儿，还是没有翻到钥匙，脑大爷慌了神，心里说："完了完了，钥匙又丢了，回去找？还是先进屋？回去找，薛老师该嫌我慢吞吞了；进屋去，怎么解释我又把钥匙搞丢了？"心里正愁着，"咯吱"一声，门开了。

　　"你干嘛呢不进屋？"薛老师的大嗓门响彻楼道。脑大爷笑嘻嘻地进了门，说："那个啥，半路碰上老郭头了，他说物美超市大促销呢，可便宜了，让我们明天也赶紧去买年货！"脑大爷进了门，眼神就开始在各处搜索钥匙，果然，在鞋柜上看到了他的那串钥匙，顿时放下心来。

薛老师并未发现脑大爷的异样，接茬儿说道："哦，那可应该去看看。正好大伟打电话过来说腊月二十七放假，晚上就能回来，小萍因为要值班，所以他们腊月二十九回来。"

"大儿子每年都比闺女回来得早些，那我们明天赶早去超市吧！"

第二天一大早，脑大爷外出锻炼完便急三火四地回来，一脚刚踏进家门，就对着正在做早饭的薛老师说："哎呦，薛老师，你怎么还磨蹭呢，超市去晚了该买不到了！赶紧赶紧。"

"你说什么？大点儿声，我听不清。"

脑大爷快步走到厨房门口说："我说得抓点儿紧了！超市！"

薛老师端着刚蒸好的热乎乎的大馒头往餐桌走，嘴里应声道："不着急啊，超市东西还能被抢光啊。对了，你记着点儿，小雨要的八宝饭，帅帅爱吃肉，笑笑爱吃水果，眼看他们过两天都要回来了，这些吃的都买点儿回来。那个，你帮我把灶台旁边的稀饭端出来。"

"好嘞。"脑大爷瞥了一眼餐桌，问道："嗯？为啥没咸菜？"

"上次送给老郭头他们一点之后就没剩多少，已经吃完了。"

"行，那咱一会儿去超市再买点菜，我把今年的咸菜也腌上。"脑大爷自告奋勇要腌咸菜。

在脑大爷不断地催促下，一顿匆忙的早饭结束了，两人拉着买菜小车就出发了。早晨九点多，路上通勤的白领们和超市购物的人形成了鲜明的对比，一边萧萧瑟瑟三三两两，一边拥拥挤挤闹闹嚷嚷。超市中欢快的乐曲声和不时的促销声，让脑大爷高兴得不得了，直叫嚷道："这才叫年味儿呢！多热闹！"脑大爷薛老师二人将买菜小车寄存好，推上超市的购物车，在超市中开始寻觅所需之物。

　　进入超市首先看到的便是色彩斑斓的蔬果区域，隔着很远就能闻到水果的香味。走近一看，蔬菜鲜翠透亮，水果香艳欲滴，价格也合适，土豆、南瓜、砂糖橘、苹果、芒果等蔬果还有优惠。薛老师对着脑大爷说："老头子，我看这草莓挺好的，买点儿回去给笑笑，她爱吃这个。"薛老师拿了一盒草莓放进购物车。

　　脑大爷弯腰把草莓拿出来，说："草莓现在买，他们回来就不新鲜了，等他们回来的前一天再来买。"

　　"还是拿上一盒吧，你不是也喜欢吃吗？"

　　"我不喜欢吃，放下放下。"

　　薛老师还是坚持把那盒草莓放到了购物车里，又称了点打折的芒果和苹果。随后，老两口又买了一些日常蔬菜，白菜、土豆、茄子、黄瓜、萝卜、四季豆，看到红薯特价 2.9 元一斤，便也买了些。

　　逛着逛着，来到了肉类水产区，全场八折，脑大爷和薛老师见肉类品质新鲜、价格实惠，买了不少五花肉、排骨、牛肉、猪耳朵和鸡翅，商量着可以回家后卤好，再把冰箱里的带鱼和鲅鱼也煎好，一起冻起来，等着孩子们回来拼成冷盘慢慢吃。

买完肉类后，脑大爷推着购物车，和薛老师两个人边逛边往前走。四周看去，超市中的每个角落几乎都被中国结、灯笼、对联和福字装饰着，红彤彤的一片更显热闹喜庆。老两口照例想买一副对联，买几个灯笼，再买点福字和窗花，把家里也装饰一番，显得更有气氛。脑大爷看到标价好几十元的对联及窗花，拉起薛老师就要走，边走边说："走走走，一副对联就要三十几块钱，这不是抢钱嘛！"薛老师虽然也觉得贵了一些，但是思来想去，估摸着孩子们也喜欢这些小玩意儿，就跟脑大爷商量着买了几个红灯笼，对联、福字和窗花等过两天去市场上再看看。

随后，老两口又在超市逛了逛，买了些所需的日用品后，便在结账处排队，准备付款。付款的人排成长龙，脑大爷等不及，来回溜达，一会儿去催促收银员动作快点，一会儿维持队伍秩序，严防有人插队，竟也忙得不亦乐乎。突然脑大爷眼神对焦到一处，看了半天。"嗯？薛老师，你看那个牌子上写着购物满100元减10元，如果满200应该就是减20，对吧？"

"嗯，应该是吧，一会儿付款的时候问问收银员。"

"要是这么打折下来，这能便宜不老少呢。"

排队足足排了20分钟，终于轮到脑大爷。"您好，请问有会员卡吗？"收银员客套且机械地问，眼睛都没从操作屏上抬起来。薛老师说："有的有的。"

"报一下手机号，加十块钱换一提抽纸需要吗？"

"什么样子的抽纸啊？"

"就这个样子的，一提三包的这种。"

"那就来一提吧。"

"这是购物小票请您留好。来，下一位。"

薛老师向来细心，正准备仔细核对小票，但脑大爷很着急地催促："薛老师，你快点快点，后面的人还排着队呢，别挡道，回家再看，回家再看。"说着就一溜烟儿把小推车取出，把买好的东西放到里面一同回家了。

回到家后，薛老师做的第一件事，就是把小票掏出来，对照购物袋里的物品一一核对，可是对着对着觉得有些问题。记得买了八宝饭，但是在购物袋和小票中都没有见到；肉类的总价格和分项价格对不上；老伴儿催得急，也没来得及问问收银员到底有没有享受到满100减10的优惠……总金额和物品就这么稀里糊涂地呈现在小票上。

薛老师有些着急，埋怨脑大爷："老头子，你看你，刚才结账的时候你就一直催一直催，现在小票金额出问题了吧，总金额和买的东西怎么也对不上！"脑大爷回复道："那么多人排队，我们哪能一直占着地方不走，要是大家都这样，后面的人岂不是要等更久。不就核对一个小票吗，这有何难？拿来我看看！"

请您认真阅读以上内容，从下面的货架中勾选出脑大爷和薛老师购买的全部商品。

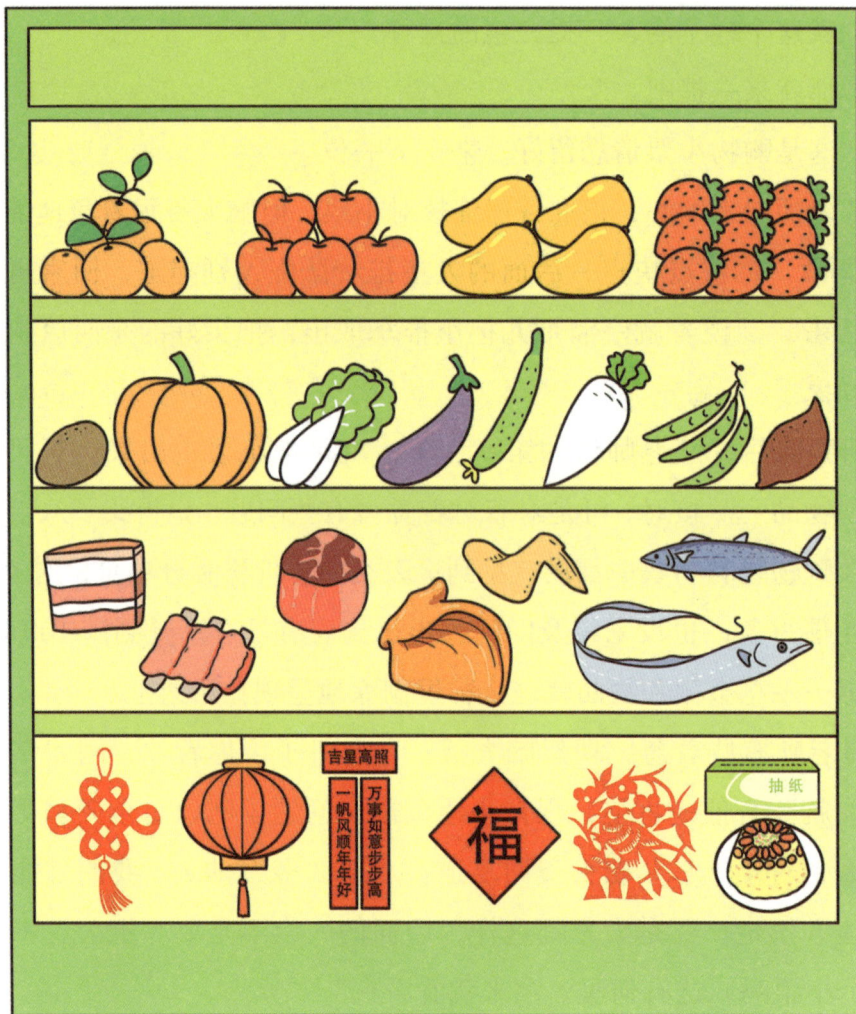

下图是脑大爷和薛老师的购物小票，请您通过计算，补全小票的空白处。

欢 迎 光 临

XX超市

编号：00000000000001　　　　　时间：2021.2.XX

品名	单价（元）	数量	价格（元）
黄瓜	3	2斤	6
四季豆	4.5	2斤	9
土豆	1.4	3斤	○
牛肉	○	2斤	76
茄子	1.5	1斤	1.5
红薯	2.9	2斤	○
草莓	○	2斤	52
芒果	13	2斤	○
五花肉	32	2斤	64
排骨	35	○	70
萝卜	1	2斤	2
猪耳朵	20	2个	40
鸡翅	24	2斤	○
白菜	1.1	5斤	5.5
苹果	8	○	24
灯笼	○	2个	36
抽纸	10	1件	10

件数：○　　　　　　总价：○

优惠：
　全场肉类8折
　满100减10元

折后价：380.4元

现金：　400元

找零：○元

请妥善保管购物小票，欢迎下次光临！

"你看你看，简单得很嘛，这不是很快就算出来了，结账的金额和小票对得上。"脑大爷有些洋洋得意。

薛老师白了脑大爷一眼，说："你下次不要催了，还是要把这些当场核实清楚才踏实，你看这次闹得，要是对不上又得专门跑一趟超市，去问问怎么回事儿。"

脑大爷知道薛老师的性格向来认真仔细，倒也不再多话。"知道啦！知道啦！"说着忙不迭地帮薛老师收拾买回来的食材去了。

第四章

欢天喜地过大年

"哎呀，这都收拾妥了，咱们中午吃点啥呢？"脑大爷端着茶缸，吸溜了一口茶。

"中午炒两个小菜，把早晨剩的那点馒头吃了，晚上煮地瓜粥，包排骨包子。"薛老师回应道。

"哎哟，排骨包可是好东西。前几天看到电视上放美食节目，正好讲各地的包子，什么蟹黄包、灌汤包、叉烧包、生煎，我就想到年轻时吃的这个山东排骨大包了，看得我那个馋啊。"

"知道你爱吃这口儿，今天刚好材料都是现成的。现在日子多好啊，有的买也买得起，想吃什么就有什么。待会儿我把面发起来，把排骨腌上，晚上就能吃了。"

"行啊，那我下午把咸菜也腌上，嘿嘿！"脑大爷最爱吃腌咸菜了，想到要腌咸菜，脑大爷撸了撸袖子。薛老师犹豫地看了脑大爷一眼，欲言又止。

午餐小憩后，老两口一起忙活起来。先把购物袋中的蔬菜拿出来，抖掉上面的泥土，再把磕碰残损的地方揪掉，接着把水果也拿出来几个，一起放在篮子中洗干净。

请您与脑大爷一起，将附录 1 中的蔬果涂色并剪下，粘贴到本页的菜篮子中。

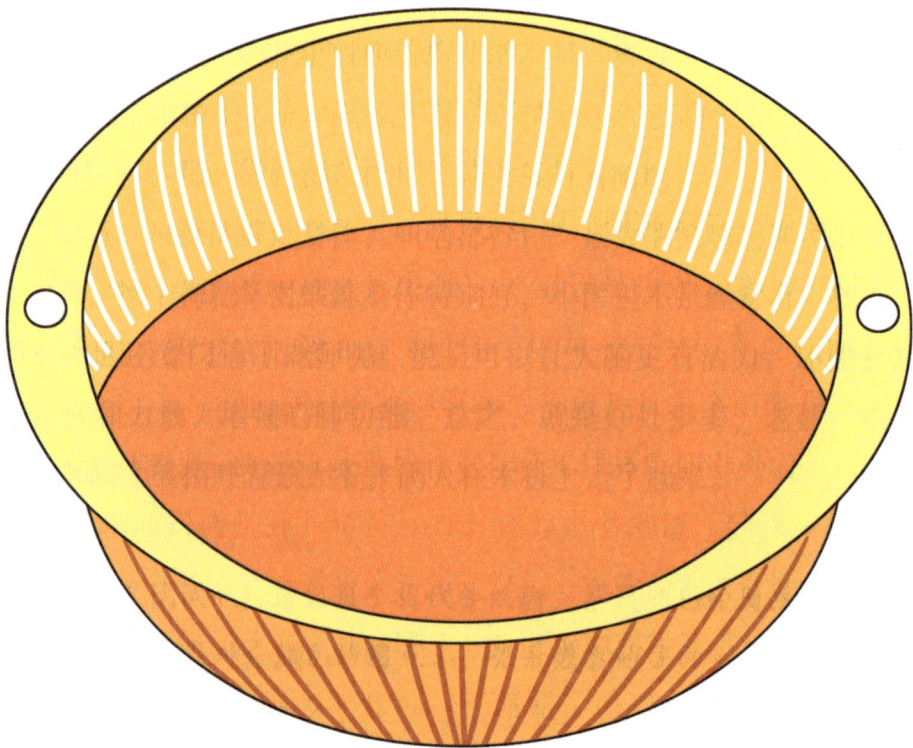

择菜洗菜切菜，和面腌肉剁馅，各项工序有条不紊地进行着。薛老师见脑大爷心心念念要腌咸菜，又想到脑大爷身体没有以前硬朗，尤其是记性没有以前那么好了，便忍不住嘟囔道："这电视上、网上都说，经常吃腌咸菜对身体不好，那么咸，吃了就容易血压高，要不这咸菜你先别腌了。"

"瞎说，超市那么多卖咸菜的，照你说还不早就倒闭了？大家都吃也没事儿啊，你呀，就是瞎操心，吃了一辈子了，不也没什么事儿吗？"脑大爷嘴上说着，干活的手却不停。

"吃了一辈子，那是因为以前没得吃，现在新鲜蔬菜都吃不过来呢，还吃什么咸菜啊。"薛老师还想坚持。

"这年轻时候养成的口味哪儿那么容易改啊，想想我们年轻的时候，多艰苦啊，饭都没得吃，整个咸菜配口稀饭，都算是顿饱饭了。我记得念小学的时候，学校离得特别远，天天来回跑，东北那边冷天寒地的，吃不饱饭更冷，我姥姥心疼我，特地给我留了个鸡蛋，煮熟以后蘸着酱油吃，现在还记得那个味道。"脑大爷回忆着以前的过往，忍不住感叹。

"你这还能吃口鸡蛋呢，我们小的时候，家里姊妹多，不过年都吃不上一口肉。拿着肉食票出去买肉的时候啊，就想着让卖肉的师傅给挑几块肥的，白花花的猪肉拿回来切碎后放到锅里，呲啦啦的，炼出油后存放起来，还争着抢着吃那油渣呢。哪儿像现在啊，说吃排骨大包子就吃排骨大包子。"薛老师笑着说。

"哈哈哈，在党的领导下，日子越过越好嘛！"脑大爷看了一眼墙上的毛主席画像，"哎，老伴儿，你知道我第一次吃排骨大包子是啥时候吗？"

"你这个老头子，之前不是跟我讲过吗，忘记啦？第一次吃这个包子，是有一年过年的时候你去领导家做客，人家家里准备的午饭。"

"哈哈，对对对，我跟你讲过呐。当时过年去领导家，第一次吃这个包子，有那么大个儿。"脑大爷边说两只手边比划，"闻着忒香了，刚开始以为是普通的包子，没承想一口咬下去还硌着牙了，顺口咬出来发现竟是一块排骨。排骨上的肉是真多啊，有肥有瘦的，把排骨上的肉啃光后再嘬吧嘬吧骨头，继续吃剩下的那部分。豆角碎和肉末混在一起，嘿，那味道，别提多香了！两口就吃完了，从那次以后，那个包子的味道就刻在脑袋里了。"

"哈哈，你们领导可真舍得下血本儿，今儿晚上你再尝尝我包的和领导家的哪个好吃。"

"那肯定你包的好吃啊。说实话，第一次吃的味道到底是咸的啊，还是甜的啊，我都已经记不太清了，但是那个好吃的感觉真是记忆犹新。嗨，你以前在重庆哪吃过这个呀，这么多年也包得得心应手了，就冲着这个也是你包的好吃。"脑大爷嘿嘿一笑。

"你个老头子，难得说两句好听的。哎，还说呢，咱今儿只买了几个灯笼回来，对联、福字和窗花还没买呢。"

　　"要我说，窗花咱们晚上动手剪，能省几个算几个，吃不穷，喝不穷，算计不到要受穷哦！明天去看看对联和福字就行。"脑大爷摇头晃脑地说。

　　"好啊。家里还有些笑笑的彩纸，把红色的挑出来，就用那个。"

　　晚饭过后，老两口找出笔、彩纸和剪刀，打算剪几个窗花出来，寓意新的一年，喜气洋洋。

　　请您跟随脑大爷和薛老师，用剪刀将附录2中的窗花剪出来，并贴在本页空白处。

薛老师看着窗花开心地笑着，突然一想："诶，老头子！笑笑那天不是还跟你说想看皮影戏吗？你也给笑笑剪一个怎么样？"脑大爷一拍脑瓜，说："哦！还真是啊！可以啊，反正我的手艺不差，我这就给笑笑剪一个！"

忙碌的日子总是过得特别快，腊月二十七晚上，大伟一家三口拎着大包小包的年货回来了，还没进门，楼道里就听见他们的声音。

"爸妈，我们回来啦！""爷爷奶奶，我回来啦！"大伟和小雨先后喊道。

听到声音，脑大爷快步走到门口开门。"哎！来啦来啦！"开门果然看到大儿子一家站在门口，看着三个人手里满满当当的东西，忍不住说："你说说你们，说过少准备些少准备些，怎么又带了这么多东西回来。"

"嗨，这才哪儿到哪儿，家里这不过年的人口多嘛！"大伟说道。

"哎哟，我的小雨越来越像个大姑娘了，可想死我咯，来来来，上奶奶这儿来。你们晚上吃饭了吗？"薛老师也忙不迭地走了过来，顺势接过儿媳王丽丽手里的东西。

"奶奶，我们回来的路上吃过啦。"小雨黏在奶奶身边。

"丽丽，你帮着咱妈把带回来的东西收拾一下，这些冰鲜的不能放在屋子里头，要不就该坏了。"大伟边换鞋边说。

"好！"丽丽刚放下手中的东西，指着一个大白盒子说，"妈，这个是好朋友特地从青岛寄过来的海鲜，有海蛎子（生蚝）、花蛤，还有舌头鱼（龙利鱼），都可新鲜了，咱过年的时候吃。"

"丽丽，你放着，我来收拾，你们刚到家，快去歇会儿，喝点儿水，吃点儿水果。老头子，你把前两天买的水果给他们洗洗！"薛老师心疼儿媳，边说边把她往厨房外面推。"今天我就先大概归置起来，天也晚了，明天再慢慢弄。"

丽丽耐不住薛老师的坚持，就随着坐到沙发上休息了。

过了两天，小萍一家也回来了，家里又添了两个小朋友，一下子欢腾起来。

转眼间到了大年三十儿，一家人早早地起来开始忙活。早饭吃毕，薛老师、丽丽和小萍便开始在厨房里准备年夜饭和包饺子的食材，小雨到底也是个大孩子了，跑前跑后给她们打下手；脑大爷拿出孩子们带回来的对联和福字，还有自己和薛老师准备的灯笼和窗花，带着帅帅和笑笑两个小朋友开始装饰屋子；小女婿陈宇立则被安排去超市买些红包和小气球，说是要把气球吹起来串成串儿，跨年的时候当鞭炮放，还要去银行取一些新钱、换一些硬币，发压岁钱和包饺子用。

夜幕降临，除夕的北京城街道上空空荡荡的，外乡人都返乡团圆去了，喧闹的北京此刻终于慢下来，安详静谧，像极了一位熟睡的老人，那一呼一吸，皆是老北京的韵味。

相比于老北京家庭，脑大爷这一家，可谓是南北合璧东西交融。这一桌满满登登，来自五湖四海的菜肴便是最好的见证。丽丽是青岛人，带来了一大箱海鲜，说要趁新鲜蒸着吃；宇立是银川人，提前寄来了半只羊，清炖就能体现出肉质的鲜美；薛老师是重庆人，麻辣口味已经刻在骨子里了，毛血旺和回锅肉是万万不会少的；脑大爷是东北人，对乱炖和卤菜也格外偏爱。当然，在薛老师的健康理念指导下，绿色的蔬菜也是必不可少的。

一大桌子汇集全国各地特色的年夜饭在晚上六点前端上了桌，脑大爷拿出自己收藏的好酒，以及给孩子们买的饮料，逐个杯斟满，邀请全家举杯，脑大爷在全家聚餐时照例是要讲话的，小雨见爷爷起范儿了，便把笑笑和帅帅按在凳子上，站起身对着全家说："咳咳！肃静！肃静！'首长'要讲话啦！"

"哈哈，这孩子，净瞎说。"丽丽把小雨拉回到座位上，然后说，"嘘——听爷爷说，你安静。"

脑大爷老脸一红，说："什么首长啊，可别乱说。吃年夜饭之前，我讲两句，一年又快要过去啦，在党的领导下，生活越来越好了！从六几年起啊，我就……"

"得了得了，你怎么不从新中国成立前开始说，赶紧着，孩子们都饿着呢，你这从六几年开始，要说到明年了！"薛老师笑着打断老伴儿。

"你别打断我！我这是要让他们牢记历史，懂得感恩。这个，啊，从六几年起……嗯？我想要说什么来着？"

"姥爷姥爷！你还说不说了，我肚子咕噜咕噜叫半天了！"笑笑忍不住摸着肚子说。

"哈哈，好，以后想起来再说！来，大家共同举杯，祝福全家，希望我们一家在新的一年，都牛气冲天！"

"爸妈，新年快乐！"

"爷爷（姥爷）奶奶（姥姥），新年快乐！"

一家人和和美美，热热闹闹，频频举杯。

时间不知不觉到了七点半。"哎，该快点吃了，春节联欢晚会八点钟就要开始了。"脑大爷看了看表。

"老头子，大过年的一起吃顿饭，你还着急，开始就开始了呗。"薛老师白了脑大爷一眼。

"哈哈，妈，没关系，我们也快吃完了，等把碗筷收拾利索，时间正好差不多。"大伟宽慰着。

"姥爷，现在谁还看春节联欢晚会啊，也就你们老年人。"帅帅不以为然地说。

薛老师好奇地问："那你们看什么？"

帅帅回答："网络春晚啊，现在每个圈子都有自己圈子的春晚，你们都太 OUT 啦！"

欢快的音乐声响起来，央视春晚拉开大幕。

"别说了别说了，开始了！来来来，大家围在一起看春晚，帅帅你也来！"脑大爷让大家安静下来。

"是，虽然现在各个圈子都有自己的春晚，但是我们家的传统还是要看中央电视台的春节联欢晚会的。"大伟说着把孩子们都叫过来，一家人围坐在一起，开始看春晚！

"说来也有意思，现在的春晚除了看节目以外，还能抢红包，什么集福卡瓜分红包啊、摇一摇红包啊、口令红包啊，变着法儿地出新花样儿。哦，对，今年还有扫福集拼图，你们都集齐了吗？"小萍边嗑瓜子边说。

"姑姑，我集齐了，我给爷爷也集齐了！"小雨拿起手机说。

"是吗？你什么时候用我手机弄的？我瞅瞅？"脑大爷最喜欢研究这些新玩意儿了，赶紧打开手机找。

"我来给您看，姥爷，您看，就是这儿，一会儿电视上主持人会发布指令，到时候您的手机上就会显示出几块打乱顺序的拼图，拼得越快，抢的红包金额越大！"帅帅指导脑大爷。

此时，主持人一声令下，全部拼图显示出来。

请您帮助脑大爷，以最快的时间完成下列拼图，选择正确的图片，将编号填入画框中的相应位置。

请您将附录3中的图案沿虚线剪下，并试着拼一拼。

"恭喜您完成拼图，点击屏幕拆红包！"一阵紧张的忙碌后，手机屏幕上显示出了这几个字。

"笑笑快来，你帮姥爷把这个红包点开，看看能分多少钱。"笑笑点了一下手机屏幕，显示出 1.98 元。

脑大爷哈哈一乐，抱着笑笑说："你帮姥爷点了 1.98 元，姥爷要奖励给你一个大红包！"说着就把提前准备好的压岁钱，依次发给了孩子们。

小雨说："爷爷我不要啦，我都这么大了。"

"拿着拿着，在爷爷眼里你还是个孩子，没挣钱都算孩子。"脑大爷硬是把压岁钱塞进了小雨的手中。

不知不觉到了十二点，宇立带着帅帅一起，拿着牙签，把提前准备好的小气球挨个戳破，就像放鞭炮一样，噼里啪啦地响。在一家人的欢笑和气球"鞭炮"声中，新年的钟声敲响，过年了！新年了！

第五章

春游一日记（上）

正值早春，世间万物都从沉睡中苏醒过来，捂了一冬天的小花小草终于偷偷冒出了新芽，微风刚刚吹过，正轻轻摇晃着小脑袋。小区里的水池已经蓄满了水，喷泉也已经开始喷水了，有几个孩子在水边玩水，不时水花四溅，在阳光折射下，出现了一道道小彩虹。

聂大爷和林大妈老两口儿三天前就上门约好了，要和脑大爷两口子出去踏青，这不一大早起来，薛老师就开始忙碌地准备着背包，面包、香肠、苹果、圣女果、白开水等一应俱全。

聂大爷和脑大爷是几十年的老朋友了，他们二人年纪相仿，曾一起参军，一起下连队，又在一起工作了20多年，可谓志同道合、兴趣相投。这脑大爷霸道，是个火暴脾气，聂大爷沉稳，足智多谋，薛老师总是开玩笑说聂大爷是脑大爷的狗头军师，俩人在一起天天要"干革命"。

"薛老师，你快点儿！这都几点了，要迟到了！"脑大爷背着他的专业照相机，戴着鸭舌帽，叉着腰站在门口催促。

"但凡出门，就没有你不催的时候。"薛老师白了脑大爷一眼。

"谁让你这么慢啊，你要是利利索索的，我能催？我早就穿戴整齐站在门口等你了。"

"你啥也不管，可不是快嘛！收拾东西不都得我来啊，这吃的喝的都得备上点儿！别到了外头就抓瞎！"薛老师的声调一声比一声高。

"背那么多东西干啥？现在这年代，只要带钱，啥东西都能买到。"脑大爷见薛老师有些急，小声嘟囔道。

"这老话说得好，穷家富路，都备上点儿准没错。等等，还有老年卡没拿！你的老年卡带了吗？"薛老师从茶几上拿起老年卡，回头问脑大爷。

"带了带了，快走吧！"脑大爷等不及，先一步走出了家门。

"催催催，就知道催！"薛老师锁好门，小跑着追上了已经走出家门的脑大爷。

辗转几番，老两口儿来到了植物园门口，大老远就看到聂大爷老两口儿正在门口等候，脑大爷便小声对薛老师说："你看看，人家肯定等咱们半天了，让你早点儿你偏不。"

"老聂，你们来得真早！"

"嗨，没有，我们也是刚到！"

"薛老师，你今天真漂亮呀！衣服颜色真鲜艳。"

"老林，你今天也蛮漂亮的，这件外套的颜色、款式真好，摸着也舒服，在哪儿买的！"

"姑娘给买的！"

四个老伙计说说笑笑地从东南门进入了植物园。

脑大爷看着这熙熙攘攘的人，忍不住说："你们看看，我们特意挑工作日来的，居然还这么多人。"

"是啊，这人还真不少。"聂大爷补充说。

脑大爷举起一只手臂，发号施令："走吧，向目的地出发！"

"咱们跟紧点儿，别整丢了。"聂大爷照顾着两位女士。

"你啊，就会冲锋，要说全盘考虑，还得是老聂！哈哈！"薛老师跟脑大爷打趣。

四个老伙计站在游览地图前，看着图上标注的各个景点的位置犯了难，丁香园、海棠园、热带植物园……景点很多，想都转完有点困难，只能选择一些比较感兴趣的，那么都去哪里呢？薛老师说："我喜欢花儿，想看看海棠，更想看看郁金香！"脑大爷要去看丁香和樱花，聂大爷说他喜欢树木，要去林木区游玩，林阿姨则表示主要想去湖边转转，再顺便去参观一下纪念馆。

大家站在地图前面犯了难，这时候脑大爷站出来说："这样吧，我们要看的景点比较分散，咱们这次的原则就是尽量照顾到大家的需求，以多逛景点为目标，我刚才规划了两条路线，A 路线和 B 路线，都能保证我们能看 11 个景点，现在只需要算出哪一条用时最短，就可以了。"

"厉害啊老脑，这么短时间内，你就规划了两条不同的路线啊？那好，我们就算一下哪一条时间短，然后就走哪一条路，同意不？"聂大爷看看两位女士。

"同意！"薛老师和林大妈异口同声地说。

请您帮帮忙，分别计算一下线路A和线路B的用时，帮四位老伙计选择一条路线吧。

线路 A：大门——1 科普馆——2 盆景——3 温室——4 牡丹芍药——5 玉兰——6 丁香——7 纪念馆（巴士站 B）——码头 B——8 荷花（码头 A）——9 郁金香——10 月季——11 樱花——月季——大门

线路 B：大门——1 月季——2 樱花——3 林木区——4 海棠——5 纪念馆（巴士站 B）——6 丁香——7 玉兰——纪念馆（巴士站 B）——码头 B——8 荷花（码头 A）——巴士站 A——9 温室——10 盆景——11 科普馆——大门

"哈哈，原来是这条路线用时最短。老聂，咱俩带路出发吧！"脑大爷拍着胸脯对两位阿姨说道。

"你就臭吹吧！反正吹牛不上税！以前我还比较相信你的认路能力，现在，哼哼，不好说咯！要说老聂带路嘛，我还是比较信任的。"薛老师打击脑大爷。

"怎么能是臭吹呢，好歹我也是当过兵的人！军事地形图我都会看，何况这小小的游园图呢！你也太小瞧我了，闭着眼我都能走出去！是吧老聂？"

"哈哈，是，老脑还是很厉害的，那咱们走着！"聂大爷笑呵呵地应道。

"就你能！"薛老师不服气地说道。"走吧，薛老师。"林大妈拉着薛老师的胳膊笑着说。

四个老伙计兴致勃勃地沿着路线出发了。植物园的美景真是不少，玉兰、樱花、桃花、海棠、郁金香，红的似火，白的如云，粉的像霞，一朵朵、一簇簇竞相开放，还有那三两只的蜜蜂或蝴蝶站立在花蕊间采集着花粉，阵阵微风拂过，层层花云随风摇摆。"这么美的风景哪能少得了拍照呀！快来，老伴儿，这边景色好，给我和老林拍几张。""来了！"脑大爷拿出相机，聂大爷掏出手机，薛老师、林大妈摆着各种姿势，围巾、墨镜各种道具轮番登场，大家一路走，一路拍，要把这春天的美景留住。

路边的长椅旁三三两两地落了许多小鸟，有游客拿出一些面包屑撒过去，小鸟也不怕人，蹦蹦跳跳地吃着。

"老林你看，这就是人和自然和谐相处吧，多美好的画面啊！"薛老师感叹道。

"是呢，小鸟都不怕人，大家也不去伤害小鸟。"

脑大爷和聂大爷坐在长椅上，翻出了刚刚拍的美图，互相欣赏着。"老脑，你的照片拍得真好，这个景取得也好！""老聂，你这个也不错啊，看你家老林笑得多开心！"

突然脑大爷指着一张照片说："你这个牌楼很有艺术感啊，我咋没看到这地儿呢？""有呀，咱们刚刚从那里经过时，你不是也拍了吗？"聂大爷表示很疑惑。"没有吧？我找找！""这张就是在牌楼那儿拍的呀！"聂大爷指着脑大爷相机中的一张照片说道。"可是咱俩拍的照片看起来完全不一样啊？"脑大爷表示很疑惑。

薛老师和林大妈闻声也凑过来看，四个脑袋都挤在相机上方。"老伴儿你怎么这么糊涂啊,你俩这是在不同的角度拍的,当然看起来不一样啦!"

请您帮着看一看,上面的照片是脑大爷站在A、B、C、D哪个位置拍的?

（脑大爷所拍照片）

第六章

春游一日记（下）

　　太阳渐渐升高，公园里越来越热闹，放风筝的、唱歌的、跳舞的、锻炼身体的，还有几队参加演出的"娘子军"，一个个美丽婀娜，顾盼生姿，仿佛散落在人群中的彩色丝带。登高远眺，温暖的阳光洒在湖面上，波光粼粼，拱形桥上来来往往的人和晴朗的天空融为一体，仿佛一幅美丽的风景画。湖中还有几只小船慢悠悠地游荡着，脑大爷看到这般景象由衷地感叹："真美啊！"

　　请您在下图的基础上，添上一些其他的事物（如小船、云朵、柳树等），还原脑大爷眼中的如画美景吧。

"老林，咱们街道组织的各种兴趣小组你有没有参加啊？"薛老师看着舞蹈队问。

"没有，我现在被小孙子拴住了，哪儿都去不了了。"

"你啊，就是累不疼，给老大看完又给老二看，年轻的时候，咱们就是一个人操持一大家子的事儿，老了老了，又得无穷无尽地带孩子。"

"那有什么办法啊，我没你那么好的福气呀，家里孩子都争气，我这不行，都得我帮衬着，不然他们都是上班族，孩子谁带啊？不过带自己的孙子孙女，虽然累点，但是也开心。"

"那倒是，我们家笑笑一天不来，我俩心里就空落落的，总感觉缺点什么，你别看老脑每天点火就着的脾气，对笑笑可有耐心了。"

薛老师和林大妈边走边聊着家常，脑大爷早就拉着聂大爷跑到人群最前面了。"老林，你帮我拿一下手机，我系一下鞋带。"薛老师把手机递给林大妈，蹲下身系了系鞋带。这时，一支舞蹈队从人流中穿过，林大妈看着她们漂亮的演出服，跟薛老师说道："薛老师，你的这件上衣和她们演出服的颜色很像啊，都是洋红色的，真漂亮！"林大妈笑着转头。

"咦，薛老师呢？薛老师！"林大妈有些焦急地喊。

脑大爷听到喊声，一手端着他的照相机，一手压着头顶上的帽子，从人群前头往回跑，气喘吁吁地问："怎么了？"

"薛老师刚才还在这儿呢？我一转眼就找不到她了，她手机还在我手里呢！这可怎么办啊！"被脑大爷这么一问，林大妈更急了。

"没事儿，咱们分头找找，应该丢不了。薛老师！薛老师！"脑大爷安抚林大妈，同时马上顺着来时的路四处找寻着。

薛老师不见了，望着公园里川流不息的人群，薛老师在哪里呢？请您根据薛老师的样子，在下图中找到她！

"在那儿呢！"林大妈指着前方喊道。

原来薛老师走到了广场舞演出队伍的边上，衣服又和演出服差不多，远远地看，与队伍融为一体了，难怪林大妈刚才没有看见她。

"老薛，你咋掉队了！也不跟紧点儿，让我们这一通好找！"脑大爷埋怨着。

"我就看了两眼广场舞，你们就不见了。"薛老师被脑大爷说的有点儿不开心。

"没事儿，找到了就行，人又没丢！"林大妈赶紧上前打圆场。

"就是，有啥大不了的。老脑，还记得咱们新兵连的时候第一次紧急集合拉练吗？"聂大爷连忙转移话题。

"咋不记得，第一次拉练就把咱俩给丢了，可把连长和指导员给急坏了！"聊起当兵的事儿，脑大爷一下子来了兴致。

"你们当时啥情况啊？讲讲呗！"林大妈很感兴趣。

"好，咱们找个地方坐坐，我给你们讲讲。"

一行人找了一块空地，很多家庭在这里搭起了帐篷，席地而坐就开始野餐了。薛老师和林大妈也拿出背包里的食物分给大家，大家一边聊，一边吃点东西。

脑大爷陷入了新兵连的那段回忆，深情地说："那时候我和老聂刚入伍不久，正在参加新兵连训练。有一天早上四点多钟，听见一阵哨响，班长就喊'快快，紧急集合了，紧急集合了'。我脑子里一片空白，睡得迷迷糊糊的，你想，白天训练了一天，哪儿还有精神啊，但是听到哨响，也赶紧从被窝里爬起来，打上背包往外跑。"

"我们睡得是大通铺，十来个人睡在一起，那叫一个乱乎，有的人鞋子找不到了，有的人裤子拿错了。"老聂在旁边打趣道。

脑大爷像说书一样绘声绘色地继续讲："对呀对呀，有抢裤子的，有抢鞋子的，还有没打背包就往外跑的，真是一通乱哟，我那天好像穿的就不是自己的鞋。当时是大冬天，天还没亮，黑咕隆咚的，我们拉练又在大山沟里，又冷又困又累，那感觉，嘿，别提了，现在我都记忆犹新！我和老聂年纪小，个子又矮，站在队伍的最后一排。跑着跑着呢，我的背包就松开了，被子散架了，老聂见我停了下来，也过来帮我，我俩一起闷头整理背包，等一抬头，我俩对视一眼，都慌了神，只见黑漆漆的山路，一个人影儿都看不见。这可咋办，在这大山沟里，前不着村后不着店的，往回走吧，不认路，向前走吧，也不认路，哎。"

薛老师听得入了迷，追问："那后来呢，你们怎么样了？"

"还好，班长他们及时发现少了俩人，没多久班长和排长就来找我们了。可是因为把我俩丢了，班长还被连长和指导员给批评了一顿。"聂大爷说道。

"新兵连训练很苦吧？"林大妈问道。

"新兵连的生活很紧张，除了白天的军政训练，晚上要站岗，时不时还要来个紧急集合训练。不过虽然很累很苦，但我们都坚持了下来，因为我们都知道，要想保卫祖国，没点儿真本事是不行的！"

"是啊，那会儿年轻，苦点儿累点儿不算什么，这一转眼 50 年都过去了！我们都成老头子了。"聂大爷感慨道，"走，咱们接着逛！"

走着走着，四个老伙伴来到了一片草坪边，薛老师停下来说："咱们是不是走错路了？好像不是这个方向吧？"

"没有，放心吧，没错的！"脑大爷自信满满地拍着胸脯说。

薛老师仍然不大相信，疑惑地说："可我咋觉得不对呢？"

"来来来，我教你几个辨别方位的方法。你来看这棵柳树，"脑大爷拉着薛老师走到一棵大柳树跟前，进一步解释说，"树木的南面枝叶茂盛，树皮光滑，北面则稀疏，树皮粗糙；晚上还可以看月亮、看北斗七星等，方法很多的。"说完，脑大爷有些洋洋得意。

忽然，聂大爷指着左前方说："老脑，你看，那边是什么？"只见左前方的草坪上有几个凸起的木桩，弯弯曲曲地排列着，大约离地有5厘米左右。

"梅花桩！"脑大爷眼前一亮，兴奋地说，"是梅花桩吧老聂！"

"什么梅花桩，梅花桩对应着梅花拳，是一种立于桩上练习的拳术，可不是那几个木桩子！你净瞎说！"薛老师马上纠正脑大爷。

"行行行，都一样，都一样！"脑大爷打着哈哈。

"都行，只要能锻炼身体，叫啥都行！"聂大爷笑嘻嘻地说。

"对，这个梅花拳对锻炼身体特别好，小区里不是经常有一些老人在练吗？社区还专门请了老师呢！说是可以让大脑更有活力，还能提高肌肉的弹性和力量，增强心肺功能。总之，就是好处多多，老聂，咱们来试试！"脑大爷招呼着聂大爷，两人在木桩上走了起来。

大家也来试试吧！请您用手指代替双脚，不同颜色的圆点代表不同的手指，将指尖按在对应颜色的圆点上，沿着线条的方向，用一只手"走"完全程，然后换另一只手。

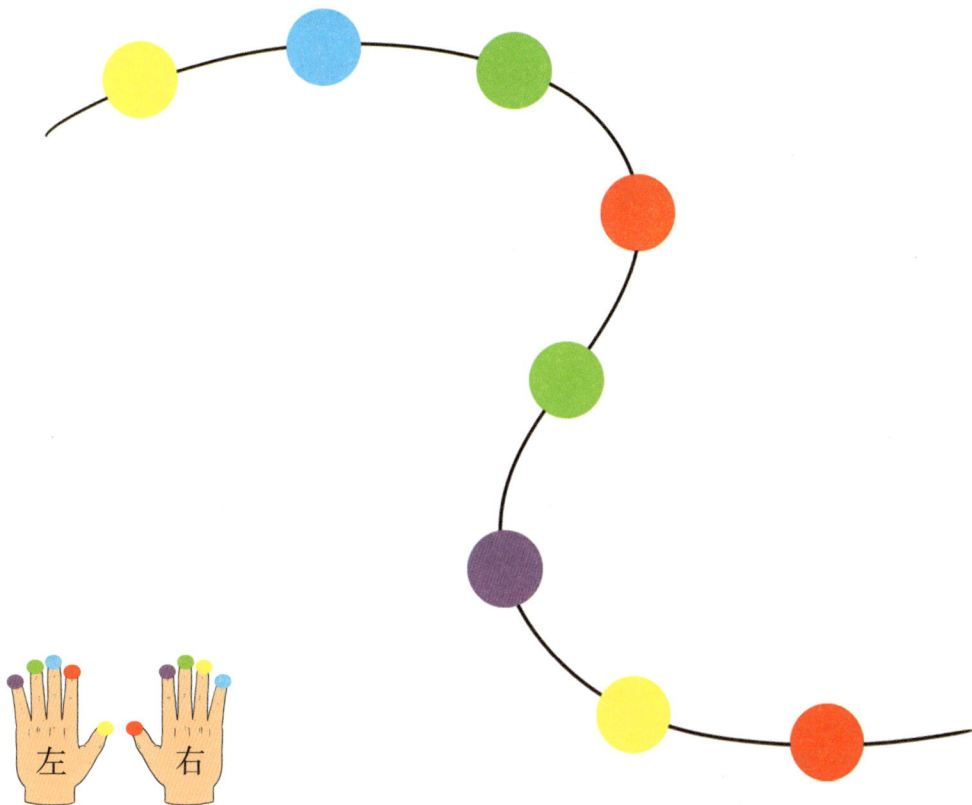

两位老人在木桩上走来走去，手还来回比划着。"嘿，老脑，你来追我啊！"

"你俩注意安全啊！"林大妈不放心地说道。

"没事儿，我俩腿脚都利索着呢，这点儿事儿还难不倒我们呢！"脑大爷漫不经心地回答。"哎呦！"脑大爷脚下一滑，差点摔下来。"小心！"

薛老师连忙上前扶住了脑大爷。"让你当心点儿，不能大意啊！"脑大爷摆摆手，跟薛老师说："没事儿！没事儿！你别大惊小怪的。""老脑，不服老不行了吧！"聂大爷走过来，转头看看天色，说："这天儿也不早了，咱们再歇会儿，准备往回走吧！今天这一天运动量不小了，晚上好好休息休息。"

"我这带的吃的还有好多呢，来来来！正好咱们把它消灭掉再回家！"薛老师打开背包，连忙招呼大家，"老林、老聂，快来吃！"

"对对对，赶紧都吃了，早上为了这一包吃的，薛老师连累得我差点儿都迟到了！"脑大爷一口咬掉大半个面包，还不忘吐槽早上来晚的事。

"哪里晚了，是你太早了！"

"哈哈哈哈哈哈哈……"

第七章

倔老头仗义执言

　　清早,薛老师在悠闲地打扫着房间,电视机里正播着《花为媒》选段。"桃花艳, 李花浓, 杏花正茂, 扑人面的杨花飞满城……"薛老师跟着哼唱,心情不错。

　　"老伴儿! 咱们上次去植物园,你和老聂非要比赛,我都没来得及好好赏花,今天天气不错,我们去景山公园转转? 牡丹应该开得很好看了。"

　　薛老师对花特别钟爱, 每到三四月份, 薛老师几乎能把市内的公园逛个遍, 想知道哪里的什么花什么时候开得最好, 找薛老师问问准没错。脑大爷在其他事情上永远不服输,但在赏花这件事情上,对薛老师却是心服口服。每年这个时候脑大爷就作为薛老师的私人专业摄影师,跟着老伴儿满北京跑, 一路跟拍, 还不忘吟上两句诗, "年年岁岁花相似,岁岁年年人不同"。今年春天, 脑大爷已经陪薛老师去过很多公园了,去元大都遗址公园看海棠,去植物园看丁香、桃花,去中山公园看郁金香,这不又寻思着去景山公园赏牡丹了。

"行啊，去呗，植物园回来后，老聂不是又约咱们来吗，问问他们？"脑大爷回应薛老师。

"行啊，那我打电话问问老林。"薛老师放下抹布，三步并作两步地走到沙发旁，拿起手机准备拨给老林。

"等会儿，我想起来了。"脑大爷按下薛老师举着手机的手。

"怎么了？"

"老聂跟我说，他今天要去看牙，他那牙不是不太好了嘛。"脑大爷突然想起聂大爷跟他说过看牙的事情，"算了算了，咱们自己去吧，他们没空。"

"行，就咱俩去，哎呦。"薛老师从沙发上起身，忽然有些费力，忍不住"哎呦"一声，腿关节"嘎巴嘎巴"作响。

薛老师进屋挑选衣服去了，心想今天肯定少不了拍照，一定要多戴上几条不一样的丝巾。于是把自己去年去苏州旅游时买的丝绸面料的丝巾拿了出来，薛老师特别喜欢这条丝巾，尤其是上面的图案，之前还想让小雨给买一些水彩，想要临摹下来。

现在，就请您帮薛老师把丝巾上的图案画在下方的画轴上，并涂上喜欢的颜色吧！

正收拾着，薛老师忽然想起来，早饭的饭碗还在厨房里堆着没洗，正发愁如何才能成功说服脑大爷同意从公园回来再收拾，就听见厨房传来叮叮当当的声音。

"我说薛老师啊，"脑大爷翻弄着锅碗瓢盆，有些不耐烦地说，"我都说过多少回了，用完的厨房收拾一下啊，你看这乱糟糟的。"

"啊，我知道了，今天回来就收拾。"薛老师从卧室探出头来，试探性地说了一句。

"回来再弄，回来再弄，你就拖吧！"说罢，脑大爷走出厨房。

薛老师怕脑大爷继续唠叨，便草草收拾了一下，拉着脑大爷出门了，慌乱之中，脑大爷还不忘把党徽戴在胸前。在公交车上，脑大爷说："景山公园哪哪儿都好，就是缺点儿水。"薛老师说："是没有水，但是那万春亭上可是北京城的中心点，站在中心点往南望去，可以看到故宫博物院的全貌，那个景色可是独一无二的。对了，前一阵儿咱们看的那个电视剧叫什么来着，就有在那儿拍的，就是田丹那个？"脑大爷扭头想了想，说："哦哦，对，叫啥来着？哎，脑子不好使了，想不起来名儿了。"

脑大爷和薛老师在公园门口下了车，排队买票的时候，发生了一件有十分意思的事。有一对小情侣站在售票窗口前面，磨蹭了半天也不走，脑大爷凑上前去想看看情况，只听见售票员在质问二人：

"您这学生证是假的，享受不了半价优惠，全票是两元啊。"只听那个女生有点不服气地说："你凭什么说是假的啊，我俩就是学生！"脑大爷刚想路见不平一声吼，就听见那个男生小声说："算了算了，就两块钱，别省了吧。"售票员白了小情侣一眼，说："不光不能让您享受半价优惠，就您这证件啊，我们还得没收，不能让您再去其他景点用了。"小情侣还没说什么，脑大爷一个箭步上前，和售票员理论道："诶，我说您这就不对了吧，您不让他们用，还要给人家学生证没收了？我看他们挺像学生的，您给人家证件没收了，人家回学校怎么办啊，您这不对啊！"脑大爷还没说完，两个年轻人就红着脸跑远了。

这时候，薛老师拉了拉脑大爷的衣角，暗示他不要多管闲事。

售票员有些哭笑不得，连忙解释道："大爷，您真是误会了，我不是刁难他们，他们这学生证啊，铁定是假的。您瞅瞅，连钢印都没有，说实话，我在这儿卖票好几年了，像这样的假学生证见多了。"

　　下面有两张学生证，看似一模一样，但其实有好几处细节不同，请您试着找一找。

学生证（一）

专　业	大气科学
学　制	四年制
姓　名	李小桐
学　号	3185610378
出生年月	2000年5月12日
发证日期	2018年9月11日
失效日期	2022年6月30日
入学年月	2018年9月1日

学生证（二）

专　业	大气学科
学　制	4年制
姓　名	李小洞
学　号	3175610378
出生年月	2000年8月12日
发证日期	2018年9月17日
失效日期	2202年6月30日
入学年月	2018年9月01日

　　脑大爷见那个学生证果然没有钢印，十分气愤地说："现在的年轻人都怎么了！一个学生证都要造假，这不是一两块钱的事啊，这是诚信问题，

我们的国家以后怎么交给这些年轻人！"

售票员看了一眼脑大爷胸前的党徽，会心一笑地说："大爷，您是老党员吧，难怪这么有社会责任心。您也不用过分担心，这样的情况啊，还是少数，大多数年轻人都是诚实正直的好同志！"薛老师对售票员道了声歉，拉着脑大爷离开售票窗口。

"你看你刚才，吐沫星子横飞的，管闲事儿了吧，现在的孩子和我们当时可不一样了，我们当时多诚实啊，绝不会占国家一分钱便宜。你以后可别不分青红皂白就行侠仗义了，你得搞清楚情况啊！"

"你说现在的孩子怎么能干这种事呢？哎，不说了。"脑大爷觉得这次自己确实鲁莽了，也就没再说什么，两人挽着手进了公园南门。

没有聂大爷两口子给打圆场，脑大爷和薛老师这一路上拌嘴不断。刚进南门，两个人就产生了分歧，僵持在大门口，薛老师说往右走，绕到后面正好看那个牡丹园。脑大爷说两边差不多，后面都是牡丹，想往左走。不过，脑大爷最后还是做出了让步，说："听你的听你的，走吧，走吧。"

终于，薛老师看到了开得正艳的牡丹，马上想拍照，将美景留下，对脑大爷说："老伴儿，快来！这个好看，给我来一张，这个真漂亮啊，也给我来一张！"一会儿，又跑到另一边，招呼脑大爷："你看这姿势行吗？好看吗？配这条丝巾是不是不搭啊！""诶，你不能光拍啊，你得看看好不好看再拍啊！我要发朋友圈的。"

脑大爷刚开始还和颜悦色拍得起劲儿，过了一会儿，感觉自己被使唤得团团转，心里窝着火，便小声说："看你这摆弄的，一个景儿拍两张得了，拍个没完！先声明啊，我是来拍花的，顺带拍你。"薛老师不高兴地说："哎，你这倔老头，让你给我拍两张照片还嫌烦了，你拿那个相机干啥呀！来，再用我的手机拍两张，我要发朋友圈！"脑大爷看薛老师喜欢花的那个样子，也不忍拒绝，只能耐着性子为薛老师拍了几张。

除了给薛老师拍照，脑大爷也拍了很多漂亮的牡丹花，旁边的照片是脑大爷拍的其中一张，但是因为曝光过度，原本鲜艳的牡丹花失去了原有的颜色，请您用彩笔帮助脑大爷"修复"这张照片吧，为这幅牡丹涂上喜欢的颜色。

第八章

不到长城非好汉

薛老师坐在书桌前，翻着手机里前两天在景山公园拍的照片，十分满意，心血来潮便编了一条朋友圈，仔细措辞、精心选图之后发了出去，一会儿打开看一下，看看有没有人给她点赞评论。

"老脑，咱们去小区公园溜达溜达吧，现在外面天气多好啊。"薛老师提议。

"行啊，走呗。"脑大爷戴上帽子，拿上保温杯，和薛老师出门了。

"你别看手机了，朋友圈有啥可看的，有人给你点赞能怎的，你看着点路。"脑大爷边走边嘟囔着薛老师。

薛老师头都不抬，盯着手机笑着说："哈哈，你看，老林给我点赞了呢，夸我这丝巾漂亮。诶诶，还有儿媳妇，说我今天漂亮！"

脑大爷把头凑过去说："是吗？我瞅瞅，你快跟他们说，照片是我拍的。"脑大爷有些得意。

两人走到一个长椅面前，薛老师说："坐下休息会儿吧，我正好回复一下朋友圈。"于是两人吹着柔和的小风，在树荫下聊起天来。

"诶？老伴儿，你看这个花是什么花，好像是新栽的吧。"薛老师指着长椅旁的粉色小花问。

"这个啊，这是，这是啥花来着？"脑大爷心里不知道，但是嘴上却不肯认输。

这些年，老两口没少因为某种花的名字而争得面红耳赤，这个说是碧桃，那个说是杨桃。有一次，大孙女小雨给爷爷推荐了一个微信小程序，脑大爷觉得非常神奇，因为只要拍下花的照片，就能显示出花的品种名称，这个"权威小助手"顺利解决了老两口的矛盾。后来脑大爷为了锻炼自己的大脑，还借着赏花的时机跟薛老师玩报花名的游戏，每人轮流说一种花，不能重复，看谁能坚持到最后。无奈的是，脑大爷每次都兴致勃勃地开始游戏，却每次都败下阵来，因此只能自我安慰道："论拍照，我肯定是更胜一筹！"

您也试试吧！您都知道什么花，快速地写下来，计时一分钟，注意不能重复哦！除了花，您也可以找一些熟悉的类目，如蔬菜、水果、动物等主题进行挑战，拓展自己的思维，锻炼大脑。

请您尽可能多地写出花卉名称：

拓展挑战——动物名称：

不一会儿，聂大爷打来电话说："老脑啊，你们去公园啦？我看了薛老师的朋友圈，牡丹花很漂亮啊。""哈哈，是呀，前天去的，本来想叫你们的，但是想起来你去看牙了，就没叫，牙看得怎么样啊。""哎，就是老了，牙齿松动了，目前没啥太大问题。哦对了，差点儿把打电话的正事儿忘了。老脑啊，我儿子后天正好要去河北出差，说顺便带我们去金山岭长城玩玩儿，离北京不远，那里杏花节正开幕，可热闹了，车上还有两个位置，你和薛老师要不要一起啊。"脑大爷很喜欢长城，于是一口答应下来，薛老师看脑大爷开心的样子，打趣道："这回你可高兴了吧，到时候别怪我不给你拍照啊，你那天可是先不愿意给我拍的。"脑大爷赶紧赔罪道："哪有哪有，我不是给你拍了好多嘛，朋友圈都发出去了。诶，老伴儿，你知道我为啥喜欢长城吗？""我知道，你不是说你很喜欢长城的防御工事嘛。""对，以前当兵的时候，我们连队在八达岭长城驻扎过几个月，那时候年轻啊，腿脚灵活，爬起长城来健步如飞，后来再没有合适的机会爬长城了。正好这次还有杏花节，你也喜欢，我们权当一次短途旅游了。"

小萍听说爸妈要去爬长城，再三叮嘱脑大爷和薛老师一定要注意安全，尤其是父亲，千万别逞能硬往上爬，还是坐索道安全省力。可脑大爷豪情壮志不减当年，直接说："我还没那么老呢，腿脚还好着呢，一口气爬上去没有任何问题，再说了，爬长城重在爬，坐索道还有什么意思。"薛阿姨只好安慰女儿："小萍，你爸啊，对长城有感情，他是一定要自己登长城的。放心吧，我看着这倔老头，这么大岁数了，他自己会注意的，而且还有你聂哥陪着，就去看看花，下午就回来了。"

路上，薛老师想起了她第一次爬长城的经历。那时候，薛老师刚嫁给脑大爷不久，脑大爷是个务实派，不懂浪漫，平时工作又忙，从来没带薛老师出去玩过，薛老师对此多有抱怨。于是等到暑假，脑大爷特意留出了两天探亲假来结束这持久的抱怨。因为大家都说"不到长城非好汉"，于是脑大爷选择的旅游项目就是爬长城，那时候还没有索道，都是靠自己爬。"我满心欢喜出去玩，结果比我上一天课还累，就为了当一天好汉！"薛老师现在说起来还满脸嫌弃，显然嫌这次旅行不够浪漫。脑大爷赶紧接茬儿说："那薛老师今天再当一次老好汉！"薛老师白了脑大爷一眼，引来车上阵阵欢笑。

转眼到了金山岭长城脚下，脑大爷进了景区的第一件事仍然是看地图，这是脑大爷的习惯，到了一个地方，必须先熟悉地形。脑大爷发现到最近的烽火台有两条路，一条路比较近，山路转墙砖路，还有一条远点儿，但是可以坐索道再走墙砖路。聂大爷和脑大爷商量后，决定兵分两路，脑大爷和聂大爷组成"大爷组"走路上去，继续当"好汉"，老聂的儿子小聂则陪同；林大妈腿脚不是很好，所以薛老师陪林大妈组成"大妈组"坐索道上去，两队人最后在烽火台会合。

现在请您帮"大爷组"看看，他们用最短的线路达到烽火台，需要走多少步，注意每次只能移动一格，或登上一级。

历经两个小时后，大爷组和大妈组在烽火台汇合了，满头大汗的脑大爷坐在地上说："真是不服老不行啦，这一趟歇了好几回。"聂大爷也累得上气不接下气地说："哎呦，怪你逞强走得太快，要是走走停停，不至于这么累。喂，老脑，你快站起来，这里景色还真是不错呢！"薛老师也说："是啊，我们都等你们半天了，老伴儿，你快歇口气儿，然后给我们俩照两张相，这花配上这景，一会儿再去城楼那儿拍两张。"脑大爷喘着粗气摆摆手，说："我再多歇会儿。"

这时候，女儿小萍打来视频电话，薛老师接起来刚准备说话，脑大爷一个箭步冲过来抢过手机。"爸，你们登上长城了？""哈哈，是啊是啊，我和你聂大爷一起爬上来的，你妈不行，你妈走不动，坐索道上来的。"脑大爷举着手机，给女儿看长城的美景，兴奋得不得了。"小萍啊，给你看看，这儿风景可好了，有空要带孩子们来。""好，好，我妈呢？我看看我妈。"脑大爷把手机对着薛老师："来来，女儿要看看你。"薛老师被脑大爷搞得烦躁起来："看我你拿着手机干什么，给我给我！"说着便上去拿手机，脑大爷正在兴头上，不愿意松手，两人一争一夺，"啪"的一声手机摔在地砖上。

"哎呀！抢什么啊，你看看，准摔坏了。"薛老师赶紧拿起手机，检查了一下，发现屏幕上出现了几条裂纹，转头对着老伴儿发脾气。"你看看，屏幕碎了！"

脑大爷看了挠了挠头，理亏没说话。这时候手机里传来声音，小萍继续说："哎呀，妈，没事儿，您那手机早就该换了，回头我给您换一个新的，你们好好玩儿吧！别因为这个扫兴。"

"就是就是，再买一个就好了。"脑大爷也赶紧附和。

薛老师听女儿这么说，把手机收起来，叹着气说："行吧，买新的！"

回到家没两天，小萍网购的手机就寄到了家，薛老师逗脑大爷说："来，给我鼓捣鼓捣新手机，闺女说先设置一个屏幕锁，不让孩子们玩游戏。"帅帅想来帮忙，说："姥姥，我来帮您吧！""这可不行，这个屏幕锁就是防你们的，不能让你知道。"脑大爷接过手机，三下五除二就找到了屏幕锁的设置界面，又将手机递给薛老师，说："你自己设置一个你顺手的，不然不好记。"薛老师试了几次，每次都因为没写完手就离开了屏幕而失败，有点不耐烦地说："哎呀，真麻烦，你给我弄一个吧，完了告诉我，我记住就得了。"

下面就是脑大爷给薛老师弄的屏幕解锁密码，请您在右边的空白处试着用一笔把解锁密码画出来。

薛老师感叹道："你说现在这个科技发展真是快啊，都有点儿跟不上时代了。"脑大爷反驳道："那是你不学，俗话说得好，要活到老，学到老，积极到老。习总书记还说过，老年是人的重要阶段，是可以有作为、有进步、有快乐的重要人生阶段。薛老师，一看你这位党员就没好好学习呀，要在思想上持续进步才行哦！"薛老师说："对对对，咱们家倔老头紧跟时代脚步，与时俱进，号召全体老党员向佲建国同志学习，那先进的党员同志，请您去把水果给大家洗洗吧！"说着，薛老师做出邀请的手势，脑大爷被逗笑了，乖乖去给大家洗水果了。

这时，帅帅站起来调皮地向爷爷敬了一个礼，说："共青团员向老党员学习！""哈哈，那你来帮我一起洗水果！""收到！"说着，帅帅小跑着进了厨房，帮忙去了。

第九章

吵吵闹闹的老两口

　　脑大爷和薛老师这几天总是因为一些小事闹矛盾，连笑笑都说最近家里的气压有点低，姥姥姥爷老拌嘴。

　　脑大爷好讲道理，又好强，做事一板一眼，什么事情都讲究个对错，而薛老师作为一名知识分子，总是会有很多自己的想法，有感性的，有文艺的，思绪有时候天马行空。所以这么多年来，两口子时常话不投机，小摩擦不断，儿女们早就习以为常了，尤其是小萍，作为薛老师的贴心小棉袄，经常扮演爸妈之间的和事佬。

　　老两口虽然吵吵闹闹了一辈子，却始终是儿女们的恩爱榜样。儿女们时常聊起来，爸妈的性格差异这么大，怎么一辈子就这么风平浪静地过来了呢？儿媳妇丽丽的总结深受大家的赞同，那就是——虽然脑大爷爱挑毛病，性格一板一眼，却总能包容薛老师，虽然总是唠叨抱怨，却又一直默默为薛老师做了很多事，就像脑大爷时常挂在嘴边的那句话一样，秤杆子是离不开秤砣的。这不，今天脑大爷又因为家务事和薛老师小有争论。

脑大爷在部队多年，大家看到的他总是雷厉风行的样子，今日事今日毕，房间也收拾得一尘不染、干净整洁，而薛老师在生活上相对随性一些，习惯有固定的时间收拾家务。这周末赶上五一放假，一大家子照例来到家里欢聚，薛老师为了满足一大家人的口味，早早就去菜市场大包小包买了很多孩子们爱吃的食材，准备做一顿丰盛大餐。回到家，她就直奔厨房，忙忙叨叨好半天，也不见脑大爷人影，薛老师解下围裙，想出来看看脑大爷为什么不来帮忙，结果发现脑大爷正抱着一本成语书饶有兴趣地看。薛老师有些不高兴地说："你在干什么呢？孩子们中午就回来了，你不帮着我做饭，也得收拾收拾卫生啊，这可看出你爱学习了，那是帅帅的课外书，你学为之晚矣。"脑大爷把埋着的头从成语书中抬起来，说："活到老，学到老！你呀，要是有我这精神，小萍给你买的新手机，你能使不明白？再说，这成语故事还真挺有意思，有很多我之前都不知道。"

薛老师忙着做饭，也不和他纠缠，只是默默地在厨房里忙碌着，等饭菜上了桌，脑大爷走进厨房一看："嘿！薛老师，您这是刚打完仗啊！不打扫战场吗？"脑大爷环视着被锅具、炊具堆得满满登登的台面，油花花的瓷砖墙，菜叶子、包装袋塞满的垃圾桶，还有大大小小的不锈钢盆、铝盆、瓷盆横七竖八地躺在水盆里，歪歪扭扭盖子都没盖上的调料瓶，忍不住有些怒火。

薛老师正因为脑大爷不来帮忙生闷气呢，听脑大爷这样一说，马上来了气，手里还端着烙饼的平底锅，就跑进厨房和脑大爷理论："你不来帮忙，这时候话倒是挺多，孩子们都要来，一大早我就出去买菜了，你在家也不说收拾收拾房间，我大包小包地回来了，一看家里乱糟糟的，我在厨房忙前忙后，你却当甩手掌柜，也不来厨房帮忙，你说说，我……"

刚进门的大儿子一家听到厨房吵起来了，赶快跑来劝说，一时间小小的厨房里站满了人，丽丽赶快来帮忙收拾，边收拾边说："妈辛苦了，我来收拾，爸妈你们去歇着吧。"

薛老师越发觉得委屈，仍不依不饶地说："还有，那手机屏幕锁我总打不开，让你教教我，你看你那不耐烦的劲儿。"

脑大爷半天没说话，一听薛老师翻旧账，便嘟囔了一句："怎么还带翻旧账的啊，我哪次没教你了。"脑大爷自觉理亏，让丽丽不要插手，自己开始细心地收拾厨房。

小雨看着斗嘴不停的爷爷奶奶，心里想：这熟悉的画面又开始了。便对爷爷说："爷爷，您又来了，您怎么总是这么急呢？奶奶做饭也够累的了。来，我帮您一起收拾吧。爷爷，您看奶奶拿着平底锅的样子，像不像红太狼！"一家人被小雨逗笑，薛老师也笑了。

脑大爷见薛老师不生气了，也松了一口气说："我可不是灰太狼！"

薛老师做饭用到的厨具真不少，都堆在一起，脑大爷看了很不高兴，

一定要现在收拾好。请您帮脑大爷把这些厨具找出来并涂上颜色！

脑大爷一边关上橱柜一边对小雨说："你歇着去，准备吃饭，你是学生干部，学校那么多事儿够你忙的，再说我跟你奶奶吵了一辈子了，我们的感情就是吵出来的，哈哈！"小雨笑着点点头，心里再清楚不过了。

小雨从小跟着爷爷奶奶长大，乖巧懂事，学习优秀，是邻居口中别人家的孩子。老两口非常疼爱这个大孙女，考大学报志愿的时候，脑大爷说什么也舍不得小雨报外地的大学，所以小雨的几个志愿都是北京的学校，也如愿以偿地考上自己心仪的好大学。上了大学之后，小雨依然是爷爷奶奶的骄傲，积极参加活动，担任学生会干部，经常策划并组织学生活动。

每年五一都是脑大爷一家大团聚的日子，吃完饭总会坐在客厅聊聊近况。脑大爷关切地问小雨："快到五四了，你们是不是又要办活动啦？"脑大爷一向关注小雨学校的活动，小雨办活动都会请爷爷出主意。"是啊，爷爷。"小雨回答，"我最近正在和学生会其他部门的同学一起策划筹备呢，要是有什么有意思的，我回来跟您说。"

脑大爷又把目光转向帅帅，帅帅平时淘气，学习总是要脑大爷和薛老师督促，已经上初中了，还是一个顽皮小子。脑大爷问起帅帅最近的学习情况，帅帅忙不迭地告诉姥爷最近学校可热闹了，来了一批国外的交流生，专门来学习中国文化的。脑大爷听了非常高兴，鼓励帅帅说："好呀，这说明咱们国家日益强大了。你也要多和外国同学交朋友，多向他们学习，开拓自己的眼界，多了解其他国家的文化。现在不是时兴学习多国语言吗？"薛老师补充道："是啊，你聂爷爷家的小孙女除了英语还学了西班牙语呢，我那天听见小姑娘叽里呱啦说得可溜了，你也要多和他们交流，锻炼锻炼语言，知道吗？"帅帅点点头，说："我们班的交流生就坐在我后桌，我们已经成为好朋友啦。""那正好啊，人家初来中国学习，一切都还比较陌生，你平时要多帮助关心同学，也可以邀请人家来家里做客，尽尽地主之谊。""我知道了姥爷！"

"姥爷姥爷，你怎么不看看我呀，我现在又长高了！"笑笑见姥爷半天也不关注自己，一下子跳到脑大爷怀里。"哎呦，差点把我们笑笑忘了，姥爷看看，多高了？"脑大爷用手比了比笑笑的身高，"还真是长高了不少啊，看来每天在幼儿园都好好吃饭了，以后要继续加油啊！"笑笑点头如捣蒜，开心地说："对呀对呀！我以后呀，要长得和哥哥一般高呢！"

虽然今天和薛老师闹了点不愉快，但是儿孙绕膝的天伦之乐很快就冲淡了吵架的情绪，老两口又重回和睦。

第十章

小雨的游戏与国际小友人

　　临近五四了，小雨和同学们这些天紧锣密鼓地准备着主题活动，其中有一个活动环节叫"青春体验"，里面有各种不同的小游戏，同学们积极抢占小桌椅进行体验和对抗，有些游戏是小雨和伙伴们一起奇思妙想开发出来的自创游戏。经活动反馈，在众多小游戏中，有三款游戏颇受大家的喜爱，一款叫做"你今天数独了吗"，大家认为这个游戏很锻炼大脑；还有一款游戏叫"圆的畅想"，要求在有限的时间里想出生活中与圆形相关的事物，并在"圆形"的基础上画出来，看谁画得最多，同学们都认为这个游戏非常有意思；第三款游戏是"汉字添一笔"。这三款游戏难分伯仲，小雨心想，还真是分不出来哪个最受欢迎呢。小雨想到爷爷平时最关注脑力训练了，想着等周末拿回去给爷爷奶奶试着玩一玩，爷爷肯定高兴。

　　到了周末，小雨揣着数独小卡片、圆形游戏和"汉字添一笔"来到爷爷家。一进门，就看到薛老师在伏案练习书法，薛老师是最讲究仪式感的，每次练书法的时候，一定会插一小捧花放在案上，所以脑大爷就在阳台养了各种小花，供薛老师赏玩。薛老师最擅长写娟秀小字，细细的笔管下流出一篇篇诗歌，或乐府，或绝句，薛老师还会将满意的作品装裱起来，挂在墙上。薛老师写得认真，小雨进门走到身旁，才发现孙女来了，小雨站在薛老师身旁，看着今天的那捧小花，说："奶奶，这又是爷爷种的吗？"薛老师指了指正拿着小锄头在阳台侍弄花花草草的脑大爷，抬起头看了一眼孙女，说："可不，你爷爷种的，说专门给我练书法时欣赏的。"小雨啧了啧舌，忍不住说："我以后要是能找一个爷爷这样的男朋友就好了，爷爷奶奶的感情真好。"脑大爷一听，马上走过来问："小雨，你谈恋爱了？"小雨的脸"唰"地红了，赶紧解释说："哎呀，爷爷，您说哪里去了，没有。"

脑大爷听孙女这样说，想转身回阳台，可走到一半又回来了，薛老师看他这副欲言又止的样子，忍不住催促道："老伴儿，你这是干什么呢？"脑大爷看着小雨，放下手里的小锄头，语重心长地说："小雨啊，可不能那么早谈恋爱，你还小，要把主要精力都用在学习上，听爷爷的，23岁以后才能谈恋爱呢。"小雨有些困惑地说："爷爷，为什么是23岁呀？"薛老师不耐烦地说："因为部队要求女孩子23岁才能结婚。你爷爷啊，他那思想太古板了，不过谈恋爱确实不能着急，得擦亮眼睛，免得受伤害。"

小雨害羞地点点头，只想岔开话题，突然想到自己拿了游戏，赶快掏出来，向爷爷介绍道："爷爷，你看，我们五四青年节的活动中，一个是数独，还有这个'圆的畅想'，以及'汉字添一笔'这三款游戏，把我们很多同学都难住了。""是吗？我看看。"脑大爷拿起圆形游戏，问小雨："这是什么，怎么玩的？""这是让您想象呀，您看除了西瓜，还能联想到什么跟圆相关的事物。大家想出来很多呢，非常好玩。""那这个呢？汉字添一笔？""这个是根据现有的汉字再添一笔，就形成一个新的字了。"脑大爷跃跃欲试，说："这可没问题，小菜一碟。"薛老师在旁边对小雨笑着说："你爷爷又开始吹牛了。"脑大爷又接过数独卡片，念叨着："这不就是填数吗？我肯定没问题呀！"薛老师在一旁说："你可别吹牛了，人家孩子们都做了半天，你先做做再看吧。"脑大爷一听这话，皱着眉说："你还说我，那你也做做看，我还不信你比我做得好呢！"

看到爷爷奶奶又要开始拌嘴，小雨在旁边赶紧打圆场："爷爷奶奶别急，慢慢来，咱们又不比赛，我可没准备奖品给爷爷奶奶呦。"大孙女把卡片全部拿出来，脑大爷和薛老师饶有兴趣地研究起来。

请您和脑大爷、薛老师一起，尝试一下小雨极力推荐的"今天你数独了吗""圆的畅想"和"汉字添一笔"游戏吧！

游戏1：今天你数独了吗？

规则：四阶数独是根据 4×4 盘面上的已知数字，推理出所有剩余空格中的数字，须满足每一行、每一列、每一个粗线宫（2×2）内的数字均含 1、2、3、4，且不能重复，六阶数独同理（建议使用铅笔填写，方便修改和重复使用）。

四阶数独：

六阶数独：

游戏 2：圆的畅想

规则：在我们生活中有许多事物是圆形的，如西瓜，请您想一想并在下面圆形图案的基础上作画。

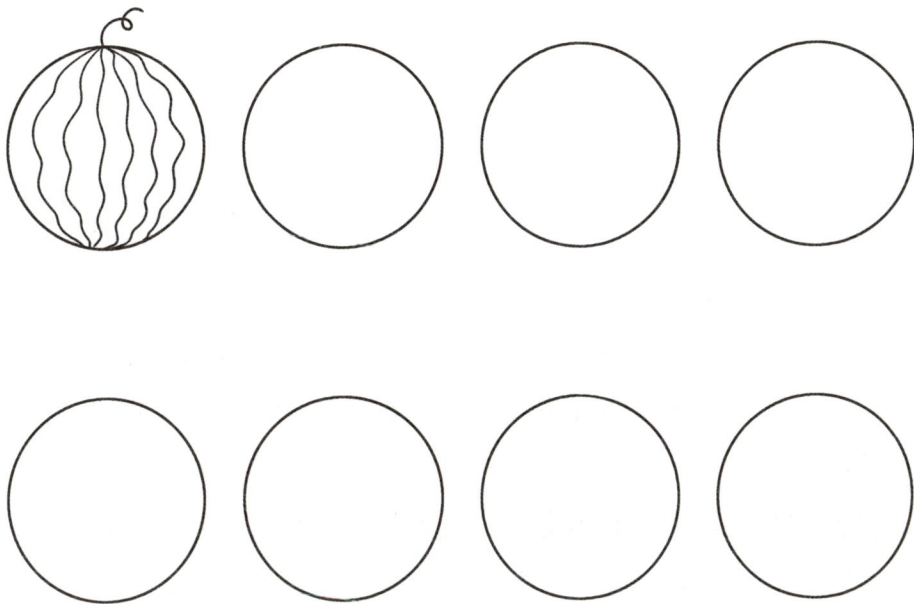

游戏 3：汉字添一笔

规则：汉字的结构有趣又神奇，一笔之差就有不同的含义，请您将下面的字添上一笔变成另外一个字。

凡 ↓ 风	尤	勿	开	史

灭	头	去	舌	西

小雨的三款游戏，给脑大爷带来了全新的脑力游戏灵感。

另外还有一桩值得提的新鲜事，帅帅的外国交流生同学真的来到了脑大爷家里。

帅帅平时虽然淘气，但在学校为人亲和，又聪明伶俐，非常有号召力，人缘极好，同学们给帅帅取了个外号，叫"校园通"。这次班上来了一位俄罗斯的交流生安德烈，班主任为了让他尽快熟悉校园环境，特意把他安排在帅帅的后桌，让帅帅多和他交流。

帅帅与安德烈渐渐熟络起来。这一天语文课后，安德烈找到帅帅，说自已听不懂语文课上老师讲的成语，老师还要求背诵，真是太难了。帅帅一看，这哪是成语啊，原来是歇后语。"安德烈，这些不是成语，是歇后语。歇后语是非常地道的中文，我姥爷说，歇后语一般都是和中国人的生活实践有关的，很有趣呢，不过你理解不了也很正常，歇后语的寓意一般都很深刻。"说到这里，安德烈有些沮丧，急得直挠头，用不太流利的中文说："这可怎么办啊？"帅帅灵机一动："诶？要不周末你来找我吧，我带你去找我姥姥姥爷，我姥姥是语文老师，我姥爷也懂得很多歇后语，顺便带你去中国的家庭参观参观，怎么样？"安德烈一听，欢呼起来："乌拉乌拉乌拉！帅帅，你真好，我周末去找你！"

到了周末，帅帅带着安德烈来了，脑大爷见到安德烈开心得不得了，直拉着安德烈的小手说："哎呀，好，中国人民欢迎你啊！"薛老师见脑大爷这副架势，怕吓到国际小友人，赶紧拉了拉脑大爷，说："你这是干什么，接见外宾啊。"又转头对安德烈说："你好啊，到这儿就跟到家一样，随意啊，随意。"安德烈似懂非懂地点点头，虽然不能全部听懂大家在说什么，但是也感受到了这十足的热情。"姥姥，我今天带安德烈来主要是想请您教教他歇后语，老师上课讲的很多内容他都听不懂。"薛老师恍然大悟："哦哦，原来是这样啊，没问题啊。"这时，脑大爷忍不住插嘴道："歇后语和诗词也可以问我啊，姥爷也懂很多。"薛老师笑了笑，说："这你都要跟我争啊？这方面我比你强，这可是孩子们有目共睹的事实。"脑大爷不甘示弱地说："你怎么比我强啦？我之前看过的歇后语可比你多多了！"帅帅见脑大爷这么热情，便说："好了姥爷，您和姥姥一块教，不就行了。那姥姥，您先开始？"

"好。"薛老师带着安德烈坐在沙发上，耐心地讲起来："这歇后语都是汉字的精髓所在，歇后语呢，十分生活化，由两部分组成，前面是谜面，后面是谜底。讲究可多啦，学起来可不容易。"安德烈歪着小脑袋，问薛老师："您能给我举几个例子吗？我这里有一份老师上课布置的作业，我不是很明白，请您帮我讲讲。"薛老师干脆地说："好啊！当然可以了。"

请您和薛老师一起，帮助安德烈完成连线吧！

刷子掉了毛	望眼欲穿
提着马灯下矿井	头头是道
斑马的脑袋	有板有眼
一手拿针，一手拿线	远近闻名
长江里饮水	步步深入
高山上敲鼓	非同小可

"诶诶，不是说让我也一起教吗？怎么全成了薛老师教了！"脑大爷在一旁想插话，又插不上，急得来回转悠。"姥爷，下一节课讲诗歌，我到时候再带安德烈来，您教他诗歌如何？"帅帅安慰姥爷。"哈哈，行啊，就讲毛主席的诗词，我最熟悉了，全部都会背呢！那下周，安德烈一定来啊！""好！"

第十一章

脑大爷动物园受挫记

六一快到了，脑大爷惦记着小外孙女，一大早就追着问薛老师，怎么给孩子过六一。

"我说快六一了，笑笑没说啥？"脑大爷追着薛老师问道。

薛老师说："哦，说了，提前很多天就和我说要去看猴子，她不是属猴的嘛。她爸妈工作忙，没时间，让我们带她过六一。"

"那正好啊，动物园我熟啊，就去动物园的猴山，猴子可多了。"脑大爷立刻拍胸脯、打包票，铆足了劲儿要带笑笑好好逛一番。

六一儿童节这天，脑大爷和薛老师早早就起床了，给笑笑做了营养丰富的早餐。笑笑一睁眼，就兴冲冲跑到姥姥姥爷面前，问什么时候去动物园，脑大爷说："你先把饭吃了，姥爷就告诉你。"可是笑笑等不及，哭闹着要去动物园，就说不吃饭了，脑大爷见她不好好吃饭，便一脸严肃地说："你不吃饭，今天就哪儿也不去了！"笑笑一听，本来上扬的嘴角逐渐耷拉下来，眼眦着眼泪就要掉下来了，薛老师看见这可怜的模样，赶紧抱起她，哄道："笑笑不哭啊，姥爷逗你呢，咱们吃完饭就去动物园，看大猴子。"

笑笑被薛老师一哄，更觉得委屈，越哭声越大，薛老师扭头对脑大爷说："你看看你，非要逗她！"脑大爷也不甘示弱："她挑食、不爱吃饭，都是你惯的，动不动就不想吃饭，和她妈妈小时候一样。""坏姥爷！坏姥爷！"笑笑哭得厉害，脑大爷见外孙女眼泪掉不停，心也软了下来，便说："那你把饭吃了，吃完饭咱们就去动物园，姥爷带你去猴山，给你买玩具，好不好？不哭了。"听到姥爷这么说，笑笑渐渐不哭了，乖乖吃了早饭。

一路上，笑笑都不和姥爷挨着坐，一直生姥爷的气，为了让笑笑高兴，脑大爷在动物园门口主动张罗给笑笑买了一个"小风车"玩具，笑笑才算是破涕为笑了。

进了动物园之后，薛老师想看一下动物园的地图，规划一下游玩的路线，脑大爷却拍着胸脯说："这个动物园我们来过很多次了，用不着看地图了，各个动物馆的方位我都记得很清楚，我们就顺着右手边这条路线走。"脑大爷洋洋得意，已经背着手，大摇大摆地在前面带路了，薛老师只得带着笑笑跟上，但心里有些不放心，想着脑大爷近两年的方向感和记忆力都大不如前，便悄悄把动物园地图揣进兜里了。

熊猫馆的熊猫宝宝们毛茸茸的，样子十分呆萌可爱，有的坐着啃竹子，有的在慢悠悠散步。"姥姥姥爷！快看，大熊猫！"笑笑看到大熊猫开心起来，又指着地上的熊猫幼崽喊道："哇，姥姥姥爷！还有小熊猫！好可爱啊！"薛老师被笑笑逗乐了："笑笑啊，小熊猫和大熊猫是两种完全不同的动物呢，大熊猫小时候不叫小熊猫，要叫小大熊猫，小熊猫长大了也不叫大熊猫，叫大小熊猫，这可是完全不同的啊。"笑笑被绕晕了，皱着眉头说："小大熊猫、大小熊猫，哎呀，姥姥，你这是在说绕口令吧！""哈哈哈，咱们笑笑的小脑袋瓜不够用了，没事，长大了你就记得住了！"脑大爷哈哈笑起来。

逛完了熊猫馆，笑笑想起了小猴子，嚷嚷着下一个就要看小猴子，脑大爷指着前面的路说："看到没有？顺着这条路往左边走，就能看到猴山了，走吧！""太好啦，我们去看猴子喽！"笑笑跑在前面，手里的五彩小风车"轱辘轱辘"转起来。"笑笑，你慢点跑，别摔倒了！"薛老师赶紧跟在笑笑后面。

三个人沿着脑大爷指的路线走了好半天，也没看到猴山，却到了狮虎山，脑大爷心里开始打鼓了，感觉路线可能不对，只好硬着头皮叫笑笑看大老虎，可笑笑一见老虎狮子就害怕，吵着要走。脑大爷耐心地指着狮子对笑笑说："笑笑，狮子可是万兽之王啊，你看它多威猛。"笑笑从姥爷背后钻出小脑袋，怯怯地说："嗯，姥爷，我爸爸妈妈带我看过一个动画片叫狮子王，我看妈妈都哭了。那只狮子爸爸为了它的儿子和坏人作斗争，从悬崖上掉下去摔死了。"脑大爷听后颇有兴趣地问："哦？

那笑笑哪天陪姥爷再看一次怎么样呀？虽然是动画片我也想看看呢。"
笑笑开心地直点头："好啊好啊，姥爷！"脑大爷指着狮子对笑笑说："来，
笑笑，咱们好好看看这只狮子，等下次你们老师要是留了画动物的作业，
你就可以画这只大狮子了！"

　　请您和笑笑一起仔细观察下面这只狮子，并帮助笑笑在下页的方框
中画出来吧！

看完狮子，笑笑急着要看猴子，脑大爷挠挠头说："我记得原来猴山就在这边啊，可能是换地方了吧。"薛老师掏出地图，脑大爷赶快抢过来，横着、竖着看了半天，才抬起头，有些不好意思地说："笑笑，这回姥爷知道猴山在哪里了，动物园啊，把猴山换地方了。走！姥爷这就带你去！"薛老师心里清楚是脑大爷记错了路，并非换地方了，但也没有戳穿老伴儿。

往回走了大概10分钟左右，便看到路两边的金属网上挂了好几只猴子，笑笑看见活泼的上蹿下跳的小猴子，刚才被狮子吓到的心情马上烟消云散，还忍不住模仿着猴子的行为举止，挠挠耳朵，抓抓腿，学得惟妙惟肖，引来旁边游客为笑笑鼓掌。脑大爷指着笑笑和薛老师说："没想到咱们笑笑还挺有模仿天赋的。""嗯，是啊，笑笑不光模仿能力强，她动手能力也十分强，比如搭积木什么的，比帅帅小时候强多了。""是吗？我还真没注意过，那笑笑这是像我，我就动手能力强。"脑大爷说着又开始沾沾自喜了，薛老师忍不住吐槽道："你可拉倒吧，你现在玩积木都赢不了笑笑，信吗？"脑大爷斜眼看了看薛老师，说："咋可能呢？笑笑才几岁，我还能玩不过她？回家我就去买积木，比拼一下子。"

这时，笑笑看见有人给猴子扔食物，便也想把手里的零食喂给猴子，小手刚伸出去，就被脑大爷拽回来了，拉着笑笑的小手，教育了她一番："笑笑，不能给动物园的动物随意喂食，动物园给小动物们备有营养均衡的专用食谱，定时定量喂食，我们投喂的食物太杂，有可能不适合动物吃，它们吃了可能会拉肚子或者不舒服，这会影响动物的正常饮食习惯，最终伤害小动物。"听了姥爷这一番话，笑笑点了点头，把零食递到姥爷嘴边，说："那我把零食投喂给姥爷没事吧！""哈哈，好呀，姥爷吃！"

在北极熊展馆里，憨憨的北极熊一直在水里游来游去，大象馆里的大象又高又壮，长长的鼻子时不时喷着水，笑笑很好奇，它们的鼻子不会呛水吗？还有河马馆，笑笑还没看到河马长啥样，就被那冲天的气味熏得要逃跑了。出了河马馆，又看了长颈鹿和大猩猩，老两口带着笑笑，一口气依次逛完了以上场馆，把笑笑累坏了，闹着要吃汉堡，脑大爷本来是不同意笑笑吃"垃圾食品"的，可想到早上已经惹外孙女哭了一次，今天索性就让笑笑吃吧。

点完餐之后，脑大爷一直闷闷不乐，有些沮丧，今天带路时频繁走错，明明记得很清楚，怎么就不对呢。脑大爷想不通，自己以前可是侦察老兵啊，方向感极好的，难道自己真的老糊涂了？想来想去，自尊心有点受挫。

薛老师看穿了脑大爷的心思，赶紧问笑笑："今天我们可逛了好多地方呢，笑笑开心了吧，动物园里的路还是很复杂的，刚才我们转了一圈，你还记得我们都看到了哪些动物吗？""有猴子，有老虎，还有长颈鹿！""嗯，真不错，我们按照顺序回忆一下今天的游览路线，你看行吗？"薛老师提议说。

请您帮助薛老师和笑笑在下面地图的括号中，按照1～8的顺序依次填上她们今天游览过的动物场馆。

⑦（　　）馆

⑧（　　）馆

⑥（　　）馆

②（　　）馆

④（　　）馆

⑤（　　）馆

①（　　）馆

③（　　）馆

西门

正门

第十二章

"水逆"的一天

脑大爷早晨锻炼不是很开心，回来就灰溜溜地坐在沙发上，还有模有样地抬起腿，像是在做一个锻炼动作。

薛老师见状，放下手里的毛笔，问他："你这是咋了，腿不舒服吗？"

"不是，你别打岔，我想想咋做的来着？"脑大爷这时不光抬腿，又加上了手部动作，反复做同一个动作，做了好几次，最后手脚同时放下来，摇了摇头说："哎，身体真是不如从前了，我才能做 20 个，老刘能做 30 多个呢。"

"你这是新学的锻炼动作呀？"薛老师有些看明白了。

"是啊，今天社区请了一个运动康复师，来指导我们锻炼，老师说了，我们这个年纪啊，不能瞎锻炼了，强度啊、频率啊、动作啊，都得注意呢。"

"有道理，我就说你不要逞强，你的年纪在这儿摆着呢，还总是要做一些'危险'动作。"薛老师拿起了笔，沾了沾墨。

"唉，老刘被老师夸奖了，说他的动作做得标准，还被拉到前面去做示范了，我怎么能输给他呢，真是的。"脑大爷说着又努力练了练这个动作。

薛阿姨会心一笑，说："我说你在这儿纠结啥呢，一说老刘做得好，我就明白了。你们俩啊，啥都要较个劲儿，总喜欢比拼比拼，小雨那句话怎么说来着，哦，对，相爱相杀！"

"哈哈，我和老刘是相爱相杀的老伙伴。"脑大爷起身伸了伸懒腰说，"诶？我之前答应笑笑什么来着？这脑子啊，又想不起来了。"

薛老师正在认真地端详着自己写的字，沉迷于自己作品，站起身说："老头子，你过来一下。"脑大爷边走边嘟囔："怎么了？"薛老师说："你来看看我的字，最近有没有更上一层楼？"脑大爷看见铺了满桌子的毛笔字，说："今天可以啊，写了这么多字啊，我可不懂书法啊。"薛老师笑了笑，说："你以为我真是让你来看我的字啊，我给你出了一道题，你看我写了这么多字，里面有的是可以组成成语的，我看看你能找出几个。"这可激起了脑大爷的斗志，自信满满地说："小事一桩！"薛老师看了看老伴儿，提醒说："这些成语可是有些难度的，你别太大意。"果然，脑大爷找了半天也没找全，急得直抖腿。

请您帮脑大爷看看下面的这些字中隐藏了几个成语，把答案写在横线上。

似	水	油	荫	鸣
木	成	骄	光	声
清	电	雨	雷	树
阳	傲	绿	火	闪

猜完成语后，脑大爷"哎呦"一声，把薛老师吓了一跳，直喊："你干嘛？"只见脑大爷戴上遮阳帽，背着包就要出门，薛老师赶紧叫住他："这大热天的，你要去哪儿啊？"脑大爷头也不回地说了句："等我回来你就知道了！"薛老师没来得及多问，就听见"砰"的一声，脑大爷已经关门下楼了。"嘿！神神秘秘的。"薛老师自言自语道。

"姥姥，姥爷去哪里了？"这时笑笑从房间里跑出来问。

"不知道，你姥爷可能出去办事了吧！"

"那能不能让姥爷给我买点儿雪糕回来呀，我要吃芒果味的！"

"行，我这就给你姥爷打电话，但不能贪凉多吃哦，会拉肚子的。"

"好！我就吃一根！"

顶着烈日的脑大爷进了商场。原来脑大爷是惦记着给笑笑买玩具的事还没有兑现呢，可是现在小孩子都喜欢什么玩具，他却一窍不通，所以想去商场逛一逛。脑大爷认为虽然是玩具，但也要对能力锻炼有帮助才好，虽然脑大爷不喜欢给孩子报那么多兴趣班，但益智玩具还是可以试一试的。转了一圈，脑大爷发现积木最受孩子们欢迎，便主动询问店员玩积木对小孩子有什么好处，店员解释积木不仅可以提高儿童的动手能力，还可以帮助其发挥创造力、想象力及观察力，说着便把脑大爷引进店里。一进店，脑大爷眼睛都不够使了，惊讶地说："好家伙，这么多啊，这个大家伙也是积木拼的？"脑大爷指着门口的巨型积木玩偶问店员。"是的，大爷，拼搭积木可大可小，适合各个年龄段的人玩！有的款式是很有难度的，您是要给孩子买吗？"店员耐心地给脑大爷讲解。

为了更放心，脑大爷随手拿起一组供人试玩的积木打算拼一下。脑大爷心想看着也不是很复杂，自己应该没问题，结果拼来拼去，却怎么也拼不成功，急得出了一头汗。旁边的店员看到脑大爷着急的样子，赶紧上前说："大爷，您拿的这组积木有点难，许多年轻人拼到最后都要花很长时间呢，我来帮您吧。"听店员这么一说，本来很着急的脑大爷也逐渐放松下来。

下面是脑大爷要拼的积木，在这8块部件中，用7块可以拼成一个2*3*4的长方体，有1块是多余的，请问哪块是多余的？

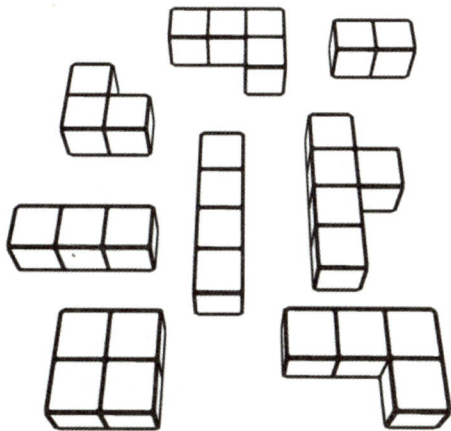

回到家，脑大爷连帽子都没来得及摘，就跑过来把积木往笑笑眼前一放，说："怎么样笑笑，姥爷没骗你吧，给你买了玩具。你姥姥说你搭积木可厉害了？咱们比拼一下怎么样！"

"哇，姥爷，你太好了，积木可好玩了，我在天天家玩过！"

"是啊，我们来玩一玩好不好！"

"好呀！诶？姥爷，您没给我买雪糕吗？"笑笑有点儿失望。

"哎呦，你看姥爷这脑袋，给忘了，没事，吃完饭姥爷下去买！"说着，脑大爷开始拆包装。

这时，脑大爷的手机响了，一看是儿子大伟来的电话。原来最近天气热了，儿媳妇丽丽给二老买了驱蚊液和两顶帽子，快递放在自提柜里，需要脑大爷凭取件码去取出来，大伟担心脑大爷不会用自提柜，特意打电话过来教脑大爷怎么取快递。

"真啰嗦，这有何难，不就是把取件码输进去，门就自动开了吗？你把那个码告诉我。"脑大爷嫌大伟啰嗦，直截了当地说。

"我还是发到您手机上吧，说一遍怕您忘了。"大伟还是不放心。

虽然脑大爷觉得记忆力大不如前，但对于记几个数字还是非常有信心的，就和儿子说："不用发了，几个数字有啥记不住的！"大伟没办法，就把取件码跟脑大爷说了一遍。脑大爷一边往自提柜走，一边嘴里念念有词，努力记住刚才儿子跟自己说的那几个数字。半路遇上老刘刚刚接天天上完辅导班回来，打了几句招呼，到了自提柜前，心想：坏了，取件码是什么来着？ 3……3……诶？你说这脑子，都怪老刘，刚才跟我说什么话啊。脑大爷急得在自提柜前团团转，猜着试了几次，都显示错误，没办法只好拨通了儿子的电话："啊，那个，你把那个码再跟我说一遍，刚才在家信号不太好，我没听清。"大伟笑了笑，又重复了一遍，脑大爷这才把快递取出来，最后还不忘说两句："下回别给我们乱花钱，我们有需要的东西，自己就买了。"

您有没有遇到过类似的情况呢？一起来看看自己的短时记忆力如

何吧！请您把下面的数字朗读一遍，注意不要读第二遍，然后用纸盖住，并在对应的空白处尽快默写出来，不仅默写的数字要正确，顺序也要正确。

请记住下列各组数字	遮住左边数字并默写
2 7 3 8 1	
4 6 9 3 7	
8 1 2 5 4 7	
3 2 8 4 7 1	
4 3 2 5 9 1 6	
5 1 6 3 2 9 4	
1 3 4 7 6 8 2 9	
7 4 5 2 1 6 8 9	
6 7 9 4 1 5 8 3 2	
3 1 6 8 9 2 4 7 5	

脑大爷拿着快递回到了家，一路上翻来覆去地琢磨。"咋回事呢，最近这几天总感觉不是很顺利，总感觉脑子不够用，干啥都容易出错，以前不这样啊。"一进门，帅帅已经回家了，薛老师接过脑大爷手里的东西，递给了老伴儿一杯水，说："怎么去了这么久啊。""哎，这不半路遇到老刘了，聊了会儿天。"脑大爷不肯承认自己忘记了取件码，转

头说，"老伴儿，你有没有发现我最近有点儿走背字儿，干啥都不顺。"薛老师疑惑地问："为啥这么说？我没觉得啊。"帅帅接话道："姥爷，您这是水逆了吧！""啥？啥腻？""哎呀，水逆！""水逆？啥是水逆？"脑大爷被"水逆"这个词搞得丈二和尚摸不着头脑。"水逆就是，哎，太复杂，跟您说不清，反正就是干啥都不顺。""对对对，就是的，反正干啥都不顺。"

脑大爷说着，把水杯放在桌上，一不小心，碰到了旁边的毛笔，毛笔上沾着的墨汁滴到了薛老师刚写完的书法上。"哎呦，这下可真是水逆了，完了完了，这是什么字啊，都看不清了。""没事儿姥爷，这不是还有一部分能看得清嘛，我们把字补全，重写一遍不就好了。"帅帅看字迹还能勉强辨认出来，便提议重写一遍。"

请您帮脑大爷看看薛老师的这幅书法作品写的是什么。

明月别枝惊鹊

清风半夜鸣蝉

第十三章

帅帅的三伏作业

一大早，脑大爷在客厅急得团团转，还直叹气，薛老师赶忙过来问脑大爷怎么了。"哎，也不知道帅帅在厕所里干啥呢，一直不出来，我这儿等着上厕所呢！"原来是卫生间被帅帅"霸占"了，脑大爷敲了好几次门也不见他出来。

薛老师向卫生间望了一眼，煞有介事地对脑大爷说："你过来，反正帅帅还没出来，你帮我看看这个是什么？"

脑大爷一看，咦？这是什么，密密麻麻的符号，一个也不认识。

莫尔斯电码对照表

字符	电码	字符	电码	字符	电码
0	－ － － － －	1	． － － － －	2	． ． － － －
3	． ． ． － －	4	． ． ． ． －	5	
6	－ ． ． ． ．	7	－ － ． ． ．	8	－ － － ． ．
9	－ － － － ．	－	－ － ． ． ． －		

"这个啊，叫莫尔斯电码，是我最近在谍战片里看到的，我还特地学了一下呢。你看，'字符'是我们所熟悉的数字，'电码'是在莫尔斯电码格式中该数字的表现形式，这样的话，我们就可以把一串数字，用莫尔斯电码的格式写出来，然后可以根据这个对照表来破译它。"

"哦，我明白了，那就是说，每一个数字，都可以用莫尔斯电码来表示喽，那我们可以把家里的电话号码都用莫尔斯电码写出来，让大家去猜，哈哈。"脑大爷恍然大悟。

请您根据脑大爷和薛老师写的莫尔斯电码，破译一下脑大爷家里的电话号码吧。

号码1：

号码2：

号码3：

（注：电话号码为虚拟号码，请勿拨打。）

脑大爷见帅帅还没出来,跟薛老师说:"你去看看,孩子是不是不舒服了。"

薛老师走到卫生间门前,敲了敲门,问:"帅帅,你怎么了?""姥姥,我肚子疼。"帅帅的声音明显有些虚弱。薛老师一听,着急地问:"怎么回事啊,拉肚子了?""嗯——"

薛老师赶紧去翻药箱,想找治拉肚子的药给帅帅吃,脑大爷拦住她说:"哎呀,小孩子拉肚子嘛,先不要吃药,多喝点热水自己恢复一下,如果还拉,再说吃药的事。"薛老师一想也是,毕竟是药三分毒,便倒了杯热水晾着。不一会儿,帅帅捂着肚子走出来,歪在沙发上,脑大爷赶紧钻进卫生间。

薛老师把热水递给外孙说:"帅帅啊,你是不是吃坏东西了?"

"我也没吃什么啊,就是吃了冰箱里的冰棍,可能着凉了。可是姥姥,天这么热,吃个冰棍不至于闹肚子吧。"

"傻孩子,现在马上入伏了,天虽然热,但是别吃冰棍了,尤其小朋友和姥姥姥爷这样的老年人,对身体不好。快多喝点儿热水,暖暖肠胃。"薛老师催促帅帅赶快喝水,转身去了厨房。

"入伏?姥姥,是三伏天吗?我刚做完小报,我们暑假作业有这个。"

"是啊,就是三伏天,你们作业还有这个啊,挺好的,那你更应该知道三伏天不能吃冰棍了。你们这一代的孩子,是得了解了解传统文化。"

这时脑大爷从卫生间出来,对薛老师说:"冬天的时候你咳了快一个月,那会儿社区医院的大夫就说让你三伏的时候去看看。"

"我冬天咳嗽，早好了，现在又不咳。"

"这叫冬病夏治，很有效的，听医生的吧。还有，帅帅啊，别吃冰棍了啊，前阵子我就不该给笑笑买，她非闹着要吃，我就买了些放在冰箱里，这下你俩都不许吃了啊。"脑大爷一本正经地说。

"姥爷姥爷！我的冰棍呢？为啥不让我吃了！"笑笑跑出来问。

薛老师一边说一边端着西瓜来到客厅，招呼外孙子、外孙女吃西瓜，把笑笑抱在怀里说："小孩子肠胃弱，冰棍太凉，吃了容易肚子痛、拉肚子，你看哥哥因为吃冰棍都拉肚子了，吃多了呢，还影响骨骼发育，时间长了，你就会面黄肌瘦、营养不良了。姥姥一会儿给你们熬绿豆汤喝，中医说绿豆有清热、解毒、消暑、利尿的作用，三伏天大家都应该喝一点儿。"

"姥姥，三伏天是什么？"笑笑歪着脑袋问薛老师。

薛老师还没来得及回答，帅帅来了精神头儿，快速地说："妹妹，你应该问我呀！你等等！我去拿我的小报！"

很快，帅帅举着一张纸到了客厅，清了清嗓子，一本正经地说："请姥姥、姥爷和妹妹台下就坐，接下来的时间就由我来向大家介绍一下三伏天的来龙去脉吧！"

"三伏是初伏、中伏和末伏的统称，夹在小暑和处暑之间，是一年中最热的时候。据《史记》记载，'伏者，隐伏避盛夏也'。意思就是说，到了三伏天，我们就该藏起来，以躲避酷暑。三伏的日期是按节气的日期和干支的日期相配合来决定的。一般来说，初伏和末伏固定为10天，中伏有时是 10 天，有时是 20 天。因此，三伏有 30 天的普通版和 40 天的加长版两种情况。今年的三伏天共有 30 天，从 7 月 21 日开始，到 8 月 19 日结束。"

"哥哥，今年的三伏天是普通版，那什么时候是加长版啊？"

"妹妹你说得对，今年是普通版，去年的三伏天是加长版。诶？妹妹，你别打岔，我还没讲完呢。"帅帅接着说，"古人呢，把三伏天当作节日看待，人们会在这段时间里宰杀羔羊，饮酒聚会。为了消暑，唐宋时期的皇帝会向身边的达官显贵赐冰，到了清朝，赐冰的福利已经惠及所有官员。如今，虽然冰块不再是什么稀罕物，但酷暑依旧难熬。我们在过三伏时，要注意减少户外活动的时间，适当增加午休，外出时要做好防晒措施，还要及时补充水分，记得要适量饮用淡盐水或温水，别吃太多冷饮。"说到这里帅帅顿了顿，看着笑笑说："哥哥就是吃了冰棍才拉肚子的，这也是姥姥为什么不让你吃冰棍的原因。三伏天饮食应注意祛除湿气，多吃薏米、红豆、绿豆等食物，还可以吃一些带苦味的食物，比如苦瓜、苦菜，还有一些酸性的食物，像山楂、话梅等。关于吃，咱们北方还有句俗语，叫作'头伏饺子二伏面，三伏烙饼摊鸡蛋'！"

"姥姥，哥哥说得我都有点饿了。"

"那就吃点西瓜吧！"薛老师摸了摸笑笑的头，笑着说。

"帅帅，你的小报做得真全面啊。你就别吃西瓜了，早上拉肚子了，姥姥给你做碗面暖暖肚子吧。""好吧，姥姥。"帅帅一摊手失望地回答。薛老师见状，问帅帅："帅帅，你以为面条很简单吧？""对啊姥

姥，不就是用刀一切就出来了吗？"薛老师笑着说："面条可有很多种
擀法呢，有粗有细，有刀削的，还有扯的。来，姥姥今天带你擀一个你
姥爷家的山东打卤面。""好啊姥姥，真没想到面条有这么多讲究呢。"
笑笑听闻也跑到薛老师跟前，说："要做什么，要做什么？我也要玩！"
薛老师笑着说："好啊笑笑，你不是就喜欢玩儿面条吗？让我看看你能
摆出什么不同的样子来，好不好？""好啊好啊！姥姥您等着哟！"

　　笑笑还真摆出了不少形状呢，请您按照前面笑笑摆出的面条的规律，
用笔完成剩余的部分。

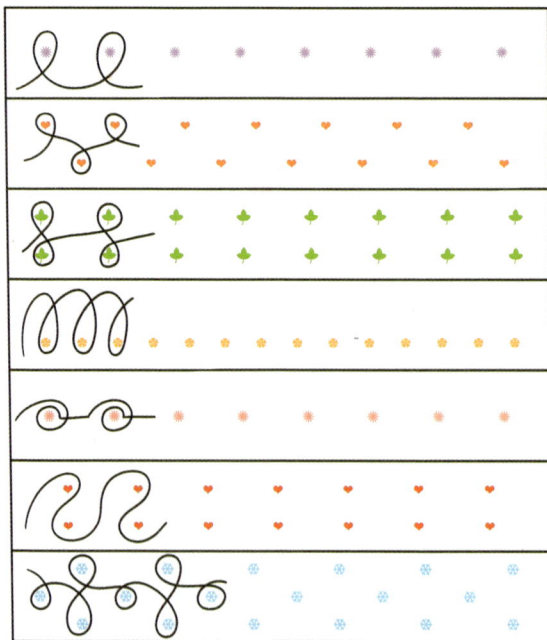

第十四章

脑大爷今天很威风

三伏天，薛老师开始四处搜寻绿豆，要熬绿豆汤。

可薛老师在厨房找了半天，只找到了一罐杂粮豆，里面红豆、绿豆、白云豆、黑豆和黄豆混在一起，薛老师犯了愁，这可咋办呢。突然，薛老师灵机一动，拿着那罐杂粮豆对脑大爷说："老头子，给你安排个任务，帮我从这些豆子中挑出绿豆。"说完，便扭头走了。

脑大爷望着薛老师离开的背影，和帅帅对视了一眼说："没想到艰巨任务的降临总是如此突然啊！诶诶，我说薛老师，这么多，我们怎么分啊？"薛老师回身摆摆手，忍住笑说："我只管分配任务，至于怎么完成我就不管了。有困难自己解决吧，我只看结果好不好。我做饭去了，要不您来做？""别了，您做吧！我做的饭他们都不爱吃。"等薛老师进了厨房，脑大爷无奈地摇摇头，忍不住嘟囔几句："怎么可以这样呢？简直是军阀作风！"

"怎么分呢？"脑大爷盯着这一大罐杂粮豆思索了半天，心里有了主意，把帅帅和笑笑叫到身边，一手叉腰，一手向前伸出，意气风发地说：

"孩子们！俗话说'团结就是力量'，为了完成你姥姥交给的艰巨任务，我们三个一起努力吧！分完后，每人奖励一个冰淇淋！怎么样？"一听可以吃冰淇淋，笑笑把手举得老高，连声说："我参加！我参加！"帅帅忙说："姥爷，您忘了姥姥前几天说不让吃冰棍啦？"脑大爷挠挠头，尴尬地说："我这老糊涂咋又忘了呢？不过，你姥姥只说不让吃冰棍，没说不让吃冰淇淋。"脑大爷狡黠地眨了眨眼。"来吧，孩子们！"

请您和脑大爷一起从下面的图中圈出绿豆，并数数总共有多少颗绿豆。

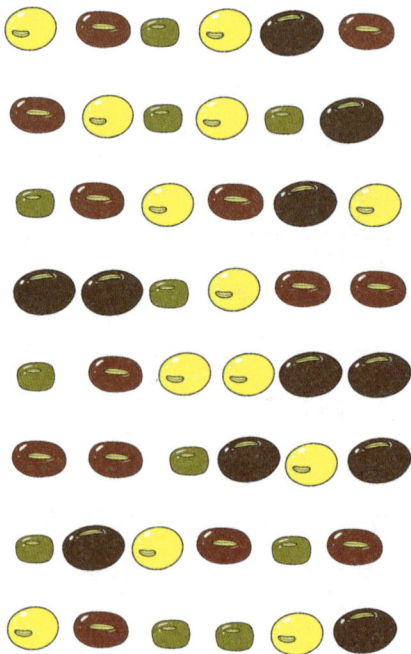

脑大爷又快又好地完成了任务，一粒豆子都没有分错，十分威风，吃饭期间还不住地夸赞自己呢。

午休时分，老两口都去睡觉了，帅帅和笑笑在客厅看电视，薛老师倒了两杯水放在茶几上，让两个孩子记得喝，嘱咐帅帅看着妹妹。帅帅看到姥姥姥爷进屋睡着了，马上钻进自己的房间，掏出手机呼叫同学："有打游戏的吗？赶紧加入队伍！"拿上平板电脑又快速跑回客厅，对笑笑说："妹妹，你要看动画片不？"笑笑把头点得跟鸡啄米似的，赶紧接过平板电脑，熟门熟路地先点开闹钟，设定了20分钟的计时器，骄傲地说："哥哥，我定好闹钟了，20分钟，你不许耍赖多玩哦。""知道知道。"两兄妹各占据沙发一角，乐不颠儿地玩了起来。"滴滴滴"闹钟响了，笑笑偷偷瞧了瞧哥哥，只见帅帅一脸严肃，手指灵活地在手机上飞舞着，嘴里还不停地和队友喊话："上车上车！这边！救我救我！"见哥哥没有停下来的意思，笑笑歪着头想了想，也接着看起来。又过了一会儿，帅帅突然激动地站起来，把手机摔在沙发上，嘴里恨恨地说："真是猪队友！"笑笑好奇地问："哥哥，猪队友是什么？是你在游戏里的网名吗？""不是不是，我的网名不是这个。唉，算了，说了你也不懂。"帅帅泄气地往沙发上一躺，有气无力说："闹钟响了吗？""刚才响过了。""那你还看动画片。""闹钟响了你也没听见，你还一直玩，我也要玩。""行行行，我不玩了，你也别看了。喝点水吧。"

笑笑拿起平板电脑问："咦？哥哥，屏幕上这是什么呀？"帅帅看着屏幕上的图案回忆道："哦，这好像是之前我给姥爷下载的游戏，刚才估计不小心点开了这个App。""这个游戏看上去很有意思啊，哥哥，我想试试。"笑笑盯着屏幕看了半天说道。"好啊，那你试试，看看能不能难倒你。"

请您和笑笑一起完成这个游戏吧！从 1 开始，按照数字的顺序依次连线，看看完成后，这是一个什么图案呢？

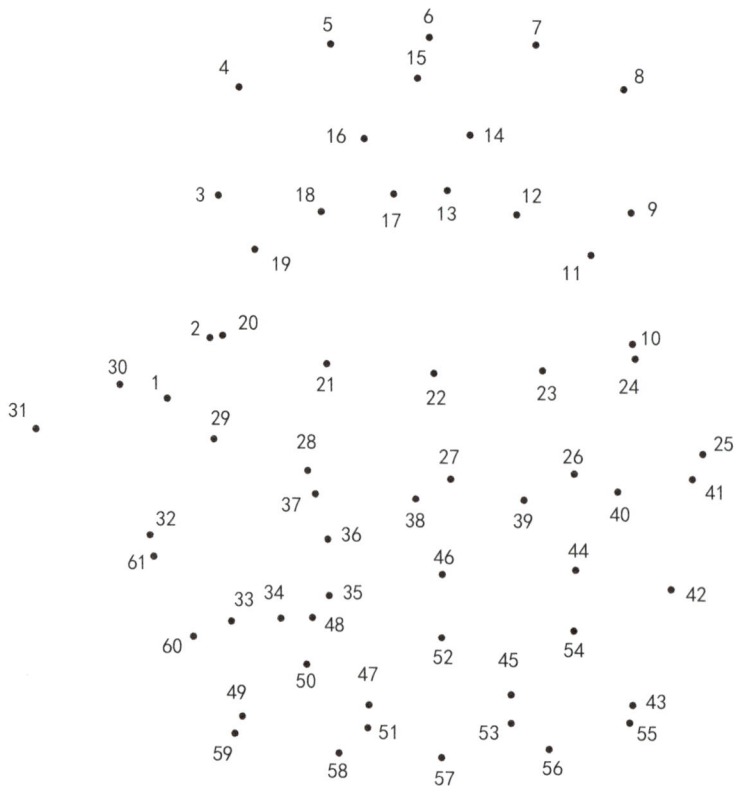

"哥哥，这个游戏真好玩儿，以后我还要玩。"笑笑意犹未尽，拿起自己的杯子喝了几口，"哥哥，你跟我玩过家家吧，我演医生，你演病人，我去拿听诊器和我的药箱。"不等帅帅回答，笑笑已经滑下沙发，一溜烟儿地跑了，紧接着又一阵风似的跑回来。

帅帅继续躺在沙发上，任由妹妹拿着听诊器在自己的肚子上听来听去，有一搭无一搭地回答着妹妹的提问。百无聊赖中，帅帅用遥控器来回调着台，看到电视台在播放综艺节目，便说："笑笑，你别听来听去了，我们一起看电视吧，你看，又在演这个综艺节目了，你不是最爱看了吗？"笑笑抬头一看，说："哇，是这个呀，我爱看，我爱看，可搞笑了，哈哈哈！"

脑大爷一觉醒来，听到客厅里传来阵阵欢笑，走过来就看到趴在沙发上对着电视笑得乐不可支的兄妹俩。"你俩笑啥呢？啥节目让你俩笑成这样？""姥爷，快来看，可好玩了！"俩孩子头也不转地对他说。脑大爷走近一看，原来是电视上正在播放一档综艺节目，节目嘉宾分成两队，轮流说四字词语，这词语可不是随便说的，而是要满足要求，比如 AABB 型词语。

脑大爷一看来了兴趣，心想：帅帅的一整本成语书，我都看过了，这下我一定能威风一把！

脑大爷半路开始看，没有明白这个 AABB 是什么意思，便问外孙："帅帅，大家经常玩的不是成语接龙吗？他们说的这个 AABB 是什么意思？"帅帅解释说："姥爷，其实挺简单的，我给您举个例子您就明白了。

比如说，来来往往，前两个字是一样的，后两个字也是一样的，这就叫AABB。""哦，原来是这样，我明白了。那还有安安静静、规规矩矩、端端正正、干干净净是吧？""是的，就是这样的。""哈哈哈，有点意思，哈哈哈！"掌握了新技能让脑大爷感觉特别好，看到薛老师也起来了，连忙招呼："诶诶，薛老师，你能说出 AABB 型的四字词语吗？""你说啥词语？"薛老师刚睡醒，一下子没反应过来。"就是让你说几个词语，要像安安静静、端端正正这种前两个字一样，后两个字一样的。""哦，这样的呀，让我想想。"薛老师沉思着，笑笑围着她转来转去，小声地喊着："加油！加油！""嗯，我想到了！整整齐齐、清清楚楚、明明白白，怎么样？""嗯，薛老师果然厉害啊！帅帅，你是中学生了，你也来几个。"脑大爷又考帅帅。"好嘞，看我的。慢慢吞吞、拖拖拉拉、马马虎虎、破破烂烂、歪歪斜斜、歪歪扭扭、风风火火、服服帖帖……""哇，哥哥'奥利给'！""不愧是中学生了，一下子就说了这么多，小孩儿的脑子就是好使。""姥姥，我用手机搜了好多个呢，嘿嘿嘿！""小机灵鬼儿！"薛老师笑着拍了帅帅一巴掌。

关于词语的游戏还有很多，您也试一试吧！

游戏 1：双胞胎词语

下面的这些词语都是成对的，例如"一波未平、一波又起"，请您将剩下的补全。

一	波	未	平	一	波	又	起
	夫				夫		
	事				事		
	可				可		
	年				年		

游戏 2：成语接龙

请根据下面的提示，补全成语。

									豪	
四						纠			
			心					灵	
扫		深						
				轩			
	正						
		反				
毫			马		
		彼		

第十五章
侦察小兵养成记（上）

"黄河黄河，我是长江，请你赶快回答，请你赶快回答。"客厅里传来了老电影的声音。"笑笑，你知道姥爷在看什么电影吗？"趴着写作业的帅帅突然问道。

"不知道啊，是什么电影啊？"笑笑放下手里的绘本，一脸迷茫地抬起头来看着哥哥。

"哈哈，你不知道了吧，我告诉你吧，肯定是《渡江侦察记》，这是姥爷最喜欢的电影了，翻来覆去看过很多遍了。"帅帅放下书，转过身来，脸上露出了得意的笑容。

"哥哥，你好厉害啊，你是怎么知道的？就刚才那么几句话就听出来了吗？"笑笑眼里全是崇拜。

"姐姐告诉我的啊，说姥爷以前当兵的时候执行过好多重要任务呢，据说还立过军功呢！"帅帅故意压低了声音，刚才脸上的得意神情全都不见了，"不过我也不是很肯定，都是姐姐和我说的。哎，姐姐还说，姥爷当兵的时候，训练可苦了，大热天都得站在太阳底下呢，身上都是晒伤，也不知道姥爷身上的伤好了没有。"

两个人你看看我，我看看你，静悄悄地坐着，面面相觑。"有了有了！"笑笑突然高兴地叫起来。"怎么了笑笑，有什么了？""我们可以去问问姥爷啊，看姥爷能不能给我们讲讲他当兵时候的事情。""好啊。"帅帅从凳子上跳起来，"走，我们找姥爷讲故事去。"帅帅兴奋地拉着笑笑从书房直奔客厅。

"姥爷，哥哥说您看的是《渡江侦察记》，还说这是您最喜欢的电影，是真的吗？""姥爷姥爷！您为什么这么喜欢看打仗的电影啊，这些电影里面有您吗？"笑笑和帅帅还没跑到客厅就争先恐后地问起来。脑大爷还沉浸在电影的紧张气氛里，突然听到连珠炮似的提问，一时间竟不知道该先回答谁，他一边找着遥控器，嘴里一边念叨着："别着急，别着急，慢点儿跑，别摔着碰着。"还没等脑大爷将电影暂停，孩子们已经跳到了沙发上，迫不及待地望着脑大爷。"刚才你们说什么，我没听明白，一个一个慢慢说。"脑大爷暂停了电影，回过头缓缓地说："帅帅，你是哥哥，让妹妹先说行吗？"

"嗯，当然可以。"帅帅点点头。

"谢谢哥哥！"笑笑紧接着说，"姥爷，哥哥说您刚才看的是《渡江侦察记》，它讲的是什么故事啊？"

"帅帅说得没错，刚才姥爷看的就是《渡江侦察记》，是姥爷最喜欢看的电影之一。"

"你看你看，姐姐告诉我的没错吧！"帅帅这下肯定了自己说的完全正确，转头对姥爷说，"姥爷，这个电影怎么有这么大的魅力啊？您都看过很多遍了，讲的啥呢？"

"这个故事讲的是啊，为了保证我们人民解放军能够顺利渡过长江，取得渡江战役的伟大胜利，在渡江战役发起之前，解放军派出先头部队到国民党反动派驻守的沿江防线进行侦察，获取情报，和敌人斗智斗勇的故事。"

"哦——那最后他们成功了吗？解放军叔叔有没有顺利地渡过长江啊？"帅帅关切地问。

"过程很惊险啊，这中间也有很多同志流血牺牲，不过最后还是将情报及时地带回了大部队，最终赢得了战役的胜利，解放军渡过了长江，解放了南京……"脑大爷开始滔滔不绝地讲起来。

"姥爷姥爷，我还有问题呢！"帅帅看到姥爷完全没有停下来的意思，有些着急了。

"哦，对，对，你看姥爷这记性，帅帅啊，你还有啥问题？"脑大爷笑眯眯地看着帅帅。

"我听姐姐说，您原来就是解放军，您参加过战斗吗？这个电影里面有您吗？"帅帅着急地问。

"哈哈哈，帅帅啊，姥爷并没有参加电影里演的渡江战役，那个时候啊，姥爷还没有出生呢！"脑大爷笑着说，"不过啊，这个故事和姥爷还真有关系，因为姥爷以前当兵的时候，主要学的就是侦察。"

"哇！太酷了，我知道！就是和警察叔叔破案一样的，我在电视上看过很多，要寻找蛛丝马迹，然后进行推断，原来姥爷是侦探啊！"帅帅激动起来。

"帅帅，你说的是侦查，是查找的查，姥爷学的可是侦察，是警察的察，别小看这一字之差，那区别可大了去了。这么说吧，侦察可比侦查的要求高多了。"姥爷一脸自豪地说。

"哇，那更厉害了！姥爷，快给我们讲讲什么是侦察？"帅帅和笑笑充满了期待。

"行，那我给你们讲讲。这侦察兵可是一个特殊的兵种，我们的主要任务是深入敌后，侦察敌军目标的位置，掌握敌人的兵力部署，为我方军队的火炮及空中打击、远程兵力投送、抢滩登陆等提供翔实的地理坐标和破坏情况。不仅如此，我们还需要对敌人实力做出动态评判，帮助友军制订行动预案。所以作为一名侦察兵，往往军事素质、身体素质、心理素质都是超过大多数军人的，就像是现在军队里的特种兵。"

"侦察兵这么厉害，是不是训练特别严格啊？姥爷，姥爷，怎么才能当上侦察兵啊，您那个时候都有什么训练项目啊？"帅帅一连串问出了好几个问题。

"侦察兵需要很多方面的考核呢，帅帅你想当侦察兵吗？"

"想！"帅帅迫不及待地说。笑笑也高声说："姥爷，我也想当！"

"哈哈，好！那今天我就训练训练你们！姥爷当教官，帅帅和笑笑呢，就是新兵，看看谁能成为最优秀的侦察兵，好不好？"

"太棒了，太棒了！"笑笑和帅帅手舞足蹈起来。

"好，小战士们，你们做好准备了吗？"脑大爷突然严肃地说，"要想做好一名侦察兵，首先要具备的一项基本技能就是要有好眼力，观察力要强，要细致入微，不能放过任何蛛丝马迹。小同志们，你们准备好了接受任务了吗？"

"准备好了，准备好了，姥爷，我们开始吧！"两个小家伙迫不及待地呼喊着，还顺带敬了个不太标准的军礼。

脑大爷从茶几的抽屉里拿出两幅图摊开来放在桌面上，用薛老师练书法的镇尺把两幅图压好，然后说："来，两位小战士，这里有两幅图，但是在许多细节上有一些变化，现在就来找找看吧，看看有哪些地方不一样，看谁能又快又准地找出来？看谁能找到得最多最全！好，预备——开始！"

一声令下，两个小家伙一起扑了上去。

请您也一起看看下面这两幅图，一共有几处不同吧！

第十六章

侦察小兵养成记（下）

"我找到了！这里，这里。"帅帅抢先说道。

"我也找到了，这里也不一样。"笑笑生怕落后，也赶紧举手争着说。

"都不要着急，仔细观察，有好多不一样的地方呢，找到了要记住，不要着急说出来，最后再一起向'上级'汇报，这样才知道谁观察得又仔细又迅速，对不对？"脑大爷打断了帅帅和笑笑，及时提醒道，"如果你觉得都找到了，就举手报告教官，现在就请认真观察吧。"

时钟滴滴答答，1分钟过去了，帅帅举起手来喊道："报告教官，我完成了。"

"哦，真不错，你找到了多少个不一样的地方啊？指给我看看！"脑大爷故弄玄虚地说道，"不要让对手听到啊。"

"这里，这里，还有这里和这里。"帅帅小心翼翼地汇报着。

"我也找完了。"看到哥哥抢先交卷，笑笑额头上都急出了细细密密的汗珠，可她还是认认真真地又检查了一遍。

"哦？帅帅找到了四处，那你找到了几处不同啊？"脑大爷笑嘻嘻地问笑笑。

"我找到了五处不一样的地方呢。"笑笑自豪地说，"您看，这里，这里，还有那里都不一样。"

脑大爷一边看一边认真地点头，然后看着帅帅说："你觉得这一局谁赢了呢？"

"妹妹赢了。"帅帅虽然心里不服气，但是看着笑笑圈出的五处不同，又没有办法不承认。

"这种观察训练看似简单，却体现出了很多的能力。"脑大爷慢条斯理地讲解开来，"要想成为一名合格的侦察兵，首先要有很强的专注力，不能浮躁，要静下心来认真做一件事，这对于很多人来讲其实是很难做到的，需要通过反反复复的训练来提高。其次，要有非常优秀的观察力和记忆力，要能够关注到细节，还要记住图样进行对比，这样才能判别出前后不同。所以，看似简单的找不同，实际上要运用到很多能力呢。帅帅啊，你看笑笑不慌不忙、认认真真的，虽然慢一点，但是却可以取得更好的成绩，对不对？这一点，你还真要向妹妹好好学习啊。"

帅帅严肃地点点头，伸出大拇指给了笑笑一个大大的赞。

"好了，小战士们，我们准备进入第二个科目的学习，你们准备好了吗？"脑大爷神秘地说。

"准备好了，准备好了！"孩子们一下又兴奋起来。

"作为一名侦察兵，只有敏锐的观察能力是不够的，你可能要面对很多突发事件，这时候，你最需要的是什么？是随机应变的能力，是过人的胆识。现在，我这里有几个脑筋急转弯，就来考考你们吧！"

第一题：把一只鸡和一只鹅同时放到冰箱里，为什么鸡冻僵了，鹅却没冻僵？

第二题：铁放在屋外会生锈，那么金子呢？

第三题：为什么新买的袜子有两个洞？

在脑筋急转弯环节，帅帅很轻松地拿下这场比赛。

"出其不意，绝处逢生，化险为夷，这才是侦察兵最值得骄傲的能力，而要达到这个境界就意味着你要付出更多的努力，经历更多的训练。很多时候，看似无望，殊不知，你的每一分努力，在不经意的瞬间，都会得到最好的回报。"

"姥爷，您说得太好了，可是我和哥哥一人都胜了一局，还没有分出胜负呢！"

"你们两个势均力敌，各有优势。那现在我们就来进行最后一个科目——情报送达，看看谁才是最优秀的侦察兵。试想，当你突破重重困难，终于要将情报带回大本营了，是不是很激动啊？那么这时候就要面临一个新的问题了，作为一名侦察兵，能够记录信息的条件往往是极其有限的，所以这就要求优秀的侦察兵能以最简单的方法记录大量的信息，不仅要准确无误，更不能有所遗漏。"

"下面我们就来进行这个测试，我们先来尝试一下，请两位小兵用下面的三个词语组一句话。"

保龄球	企鹅	山川

"我在打保龄球的时候，看到山川上有一只企鹅！"帅帅抢答道。

"好！非常快速。"脑大爷夸赞帅帅。

笑笑有些沮丧地说："姥爷，哥哥太快了，我还没想出来呢。"

脑大爷安慰笑笑说："没关系笑笑，这只是一个例子，真正的测试题在后面呢，你先跟哥哥一起学会这个记忆方法，好不好？"

"好！"笑笑冲脑大爷敬了个礼。

"嗯，通过这个方法，你们应该已经都记住这些词语了。"

"现在请你们在这张纸上，把刚才的三个词语补全。"

保龄球		

两个侦察小兵马上拿起笔，很快就写完了。

"哇，姥爷，这样记忆真是又快又准！"笑笑忍不住高呼。

"恭喜你们，你们已经学会了一种新的记忆方法，叫做联想记忆！那现在就请你们用同样的方法，完成下面的题目吧！"

请在15分钟内采用联想记忆的方法记住表格中的词汇，15分钟后，翻到附录4，补全这些词语。提示：联想时以每行三个词为一组。

橙子	插座	熊猫
雨	围棋	丝瓜
老花镜	划船	游乐场
鸡蛋	葡萄干	狮子

"帅帅和笑笑真棒，都准确地把情报传递给了大本营。"脑大爷高兴地抱着孩子们笑呵呵地说。

"姥爷，我和哥哥都是优秀的侦察兵了吧？"笑笑激动地说。

"对啊，你们两个都是我的小小侦察兵！"脑大爷骄傲地说。

"原来做一名侦察兵需要这么多本领啊，今天可真是学到了好多知识，以后我也要好好学习，争取将来成为一名光荣的解放军战士。"帅帅笔直地站在那里，一本正经地说。"帅帅，解放军叔叔都要学会站军姿、敬军礼。来，姥姥给你看样东西。"薛老师把帅帅叫到一旁，拿出一本图册，说："今天正好是八一建军节，你和笑笑一起给姥爷准备个小礼物吧！""好啊好啊。"帅帅高兴地答应了。

　　请您和帅帅、笑笑一起为脑大爷准备小礼物吧。请准备一张贺卡，并用剪刀把附录5中的图片沿着轮廓剪下来，再贴到贺卡上，您可以对贺卡再进行其他装饰，并写下建军节的祝福语。

"恩，真好看。快拿去给姥爷看看。""姥爷姥爷，这是我们给您准备的礼物，您喜欢吗？"帅帅拿着他和笑笑一起做的贺卡走到脑大爷跟前，脑大爷惊喜地说："哟！这是帅帅和笑笑送我的礼物呀，真好看，姥爷喜欢！"笑笑和帅帅相视一笑，开心极了。"帅帅还想长大了当解放军呢。"薛老师跟脑大爷说。"嗯，你只要好好学习，付出努力，就一定可以成功。笑笑，你觉得哥哥棒不棒？"脑大爷问笑笑。"哥哥一定可以的，他那么聪明，记忆力那么好，反应还那么快，好多问题我还没弄明白，他就想出来了，故事也能够讲得那么好，如果不那么马虎就更好了。"笑笑捂着嘴咯咯地笑着说，"我也要好好学习，将来和哥哥一样棒，和姥爷一样优秀。"

"下面是今天最后一项训练了"脑大爷神神秘秘地说。

"还有什么科目？"笑笑和帅帅睁大了眼睛问道。

"这个游戏叫数字搭档，规则是这样的，你们要把下面的所有数字进行两两组合，每个数字只能参与一次组合，并且每个组合都不能相同（注意 1 和 2、2 和 1 为相同组合），最后不能有落单的数字。这里有个例题，你们先看看。"

1	0	2	0
2	2	1	1
2	0	0	1

例题

例题答案

"好复杂啊，我可不一定能做得了。"笑笑一下泄了气。

"哎，你还没试试就没信心啦？来，咱们一起来看看。"帅帅拍了拍笑笑的肩膀，信心满满地朝妹妹点了点头。

请您与孩子们一起"破解"下面这道题。

1	0	3	0	3	4
0	2	0	1	1	2
4	4	1	0	0	2
3	3	1	4	2	3
3	2	1	4	2	4

"你们可真棒！"看着孩子们完成了手中的任务，脑大爷开心地笑了

起来，"不愧是我外孙，一会儿可得好好和你姥姥炫耀一下。让她看看，咱家又多了两个合格的侦察兵。"

"姥爷！我们都成为侦察兵了，那有什么任务让我们去执行呢？"帅帅站得笔直，笑笑也学哥哥的模样站在旁边。

"好，我想想啊。"脑大爷思忖着，"姥姥出去买菜了，估计快到家了，你们两个作为先遣部队，去弄清楚姥姥现在到哪了，都买了什么菜，而且要注意隐蔽，不要让姥姥发现了。"脑大爷煞有介事地盯着两个孩子。

"收到！"两个孩子敬了个礼，便趴到阳台上去寻觅姥姥的踪影了。

第十七章
脑大爷获封"首席体验官"

一到九月，夏日的酷热便渐渐褪去，早晚天气转凉，有了<u>丝丝秋意</u>。薛老师最喜欢秋天了，秋风一吹，带走了酷暑给人的浮躁，虽然有时略显萧瑟，但这种肃杀的景色最容易勾起一名退休语文老师的浪漫思绪。望着窗外渐渐变得枯黄的花草，薛老师想起了校园，大道两旁那一棵棵粗壮的银杏，每到秋天，满目寂寥清冷的景象，却正是那些银杏树灿烂的时候。年轻时，高大帅气的脑大爷经常提着公文包，笔直地站在那里等她下班。

想到这儿，薛老师看了看脑大爷日渐弯曲的脊背，不禁感慨道："我们老得可真快啊，一不留神，都这岁数了。"脑大爷正为笑笑整理书包，今天是幼儿园开学的日子，一边催笑笑，一边回答薛老师的话："可不，连最小的笑笑都快上小学了，前阵子学生们来看你，你都桃李满天下了，我们怎么能不老哦！""说的是呢，那天来的小罗，是我带的第一届毕业班的学生，一晃他们都人到中年、事业有成了。"这时，笑笑背上了书包，说："姥姥和姥爷不老！我班上好多小朋友的爷爷奶奶都老了，路都走不动了呢！走路的时候都这样。"说着，笑笑还模仿老头老太太吃力地走起路来，竟然有模有样的，把薛老师逗得笑个不停，开心地说："哎呦，笑笑，你可真是个小活宝，当着人家面可不许这样学啊，没礼貌的。""你放心吧，咱们笑笑就是在我们身边调皮一些，在外人面前，很腼腆的。走吧，咱们该出门了，不然要迟到了！"

　　老两口送完外孙女回来，看到小区公园有许多人三五成群地聚在一起打麻将。脑大爷看得起劲儿，心痒难耐，忍不住凑过去，没想到老刘正在牌桌上，他喊住脑大爷："老脑！""诶，老刘，你也在啊。""是啊，你也有日子没来了，来两把？正好老张要回家，我们三缺一，不让他走呢。""就是就是！脑大爷你来，我赶着回家呢！""好啊好啊！"脑大爷坐下，把手上的汗往裤子上抹了抹，撸起袖子，一面抓着牌，一面得意地说："这不是暑假刚过嘛，这俩月，我净在家看孩子了，都没空出来打牌。我那小外孙女就爱和我玩，说姥爷啥都会，天天粘着我。嘿，这下好了，幼儿园开学了，我这不是刚从幼儿园回来……"说到这，脑大爷突然想起薛老师，这下可完了，一打上麻将，把老伴儿忘到脑后了，赶紧回头找薛老师，看到薛老师正和颜悦色地看他们打牌，顿时放下心来，赶紧说："薛老师啊，你自己逛逛吧，我玩会儿，嘿嘿。"薛老师看他这架势一时半会儿结束不了，便自己溜达去了。

　　几个老伙伴一边打麻将一边聊起了天，脑大爷很享受这种氛围。几个人聊起最近的趣事，脑大爷想起上个月薛老师的学生小罗来看望他们，还带来了一副扑克牌，说有很多种适合老人的新玩法，自己和薛老师试玩了一下，还不错，便想炫耀一下，说："前几天我老伴儿的一个学生来看我们，给我们带了些她正在开发的适合老年人玩的游戏产品，都是帮咱们上了年纪的人锻炼大脑的。你别说，我和薛老师玩了一会儿，还挺不错的，其中还有扑克牌呢，说明书里面介绍了两种创新玩法，很考验算数能力，下回我带过来咱们玩两把。"老刘第一个举手赞同："可以可以，我最近是算数有点不太行了，要是既能打牌还能练练算数，那真是一举两得。""是啊是啊，这种扑克牌新玩法，我们还没玩过呢，你有空回家拿一趟呗，咱们现在就试试。"其他人也附和着。

　　"那好啊，等着啊，我回家拿！"

　　脑大爷兴冲冲地跑回家，到家就直奔电视柜的抽屉翻来翻去，把抽屉里搞得一团糟，薛老师过来把他拉到一边，问他要干啥，脑大爷告诉薛老师缘由，薛老师有条不紊地从抽屉里拿出那副扑克牌，递给脑大爷说："你们啊，就知道在那儿坐着玩牌，没事儿能不能多锻炼锻炼身体，这么大年纪了，把身体弄好了少给孩子们添麻烦。再说了，这副扑克牌是小罗留给我们试用的，还要提意见呢，就你们几个老头子能给人家提什么有用的意见？"

　　脑大爷一听来劲儿了，认真地说："身体要锻炼，大脑也要锻炼啊，再说人家设计出来就是给我们这个年龄段玩的，我们不提意见难道让笑笑帅帅他们提啊？你可真有意思！"

薛老师觉得脑大爷说得也有道理，所以决定和脑大爷一起去。脑大爷边往外走边把扑克牌揣进兜里，见薛老师一直跟在后面，便问："你跟着我干嘛，你也要去打牌啊？"

薛老师答道："我不去你们能知道规则吗？我怕你们都搞不清楚怎么玩，再给人家小罗把事情搞砸了。"

脑大爷转过身小声嘀咕："你想去就直说呗，还得顺道贬低我一番。"

老两口下了楼，远远看见几位老大爷正等着脑大爷呢，脑大爷赶紧小跑两步，把那副长者扑克牌掏出来往桌上一放，说："来来来，给你们看看，这扑克怎么样？"

大爷们一个一个都把头伸过来，你看看，我看看，脑大爷坐下说："来，我先给你们讲讲规则。"

薛老师插话道："还是我来讲吧，他说不清楚。我学生当时教了我们好几种玩法，老脑，你上一边儿去。"说着，挤了挤脑大爷，脑大爷听薛老师的指挥，赶紧站到了旁边。

玩法一：扑克配对

配对规则：1. 两张扑克牌相加等于14；2. 红桃配黑桃，方片配梅花。例如红桃2配黑桃Q，方片4配梅花10。请您按照上述规则，将下面的扑克牌配对连线。

玩法二：扑克运算

运算规则：从扑克牌中随机抽取一张牌，将牌上的数字作为目标值，接下来，从扑克牌中选取2张，使其经过加、减、乘、除运算后得出目标值。比如目标数字是3，则可能的组合有3=A+2、3=4-A、3=A×3、3=Q÷4等。请您按照上述规则，在横线处写出目标值为6的所有可能的组合。

几把游戏玩下来，几位大爷都觉得很新鲜，意犹未尽，老刘带头说："薛老师啊，您和您那学生说说，下次再来的时候也给我们带几副这种牌，我们在家也能玩啊，多少钱，我们给钱也可以。"薛老师还未开口，脑大爷在一旁抢先应道："得嘞，包在我身上！小罗经常来看望我们呢，等下次我让她多带些新的游戏用品！"薛老师见脑大爷有些忘乎所以，便提醒道："没问题，但是你们体验了这么久，得给我学生提点建议，好让她们不断改进！你们说，我记下来。"说着，薛老师拿出纸笔，开始记录大家的感受与建议。

这副扑克牌，可让脑大爷在邻居们面前涨足了面子，马上又要到教师节了，脑大爷心里偷偷盼望着薛老师的学生来看他们，也能再带来一些新鲜玩意儿。

果然，今年教师节，小罗又带来了一些正在开发中的新产品，请薛老师和脑大爷试玩，并提提建议。

"这游戏可真不轻松啊，还真得好好思考一番呢！"薛老师体验完之后，感觉这次的游戏有些难度了。"不过，倒是很有意思呢！"

小罗见她的产品让老师这么喜欢，开心地说："没想到您二老还挺喜欢这些东西，看来我们的工作没有白干，以后有什么新产品我一定先给您二老拿来，您二位就是我们的首席体验官。"

一听说自己有了头衔，脑大爷高兴地直拍手："没问题，没问题，我那些朋友可喜欢玩这些了。我作为首席体验官，一定经常带他们玩，有什么意见和建议我就让薛老师告诉你。"

"好嘞，谢谢二老！"

第十八章

过中秋

　　眼看中秋节就要到了，又是一大家子人团聚的时候，这一大清早，薛老师就提前跟脑大爷商量："老伴儿，等会儿送完笑笑你别去打牌了，咱俩去早市买些过节需要的东西，你把购物车拉上。"

　　脑大爷正在整理小罗带来的新游戏产品呢，等着去给小区门口的老伙伴们试玩。听薛老师这么一说，脑大爷一下子泄了气，心里犯嘀咕："又要买什么东西啊，不就是不想让我去打牌。"心里这样想，嘴上却答应着："好嘞！要买什么啊，还用拉着车？"

　　薛老师翻了个白眼，便知道脑大爷心里所想，回答道："马上中秋节了，你今年不做月饼了？孩子们都回来了吃什么？我要不想着还能指望你吗？你别以为我不知道，你是不是又想和老刘他们去打牌。"

　　脑大爷连忙说："嘿！这不是家里有你嘛，你想得周全，我就不操心这些事儿了。再说了，孩子们每年都拿回来好多月饼，吃都吃不完，根本不用自己做，要不就别去了吧。"

薛老师有点生气地说："那能一样吗，外面买的能好吃吗？卫生不卫生你知道吗？你不愿意去就别去，打你的牌去！"

脑大爷赶紧赔笑脸，说道："去去去，哎呀，我就是随便说说，送完笑笑就去，我拉着小车。"见薛老师不理睬他，便自言自语道："我这不是看现在孩子们都喜欢吃蛋黄的，咱们做的那个五仁月饼，孩子们都不爱吃，每年也就我吃几口。我想着今年咱们也与时俱进一下，买点新鲜馅儿嘛！但是我觉得你说的有道理，自己做的还是更安全一些。那这样吧，咱们今年买一点新鲜馅儿的，再做一点五仁馅儿的，怎么样啊薛老师？"薛老师回答："得了吧，你刚才就是不想去，想去玩牌，我还不知道你。""哈哈，没有哦，我是真怕孩子们不吃，怕浪费了。行了，今年就这么定了，买一部分，做一部分！"

在早市货比三家后，老两口总算买齐了核桃仁、杏仁、花生仁、瓜子仁，可是脑大爷拉着小车在早市转了两圈，也没发现卖芝麻的。"怎么回事，我记得就在这附近啊，薛老师，卖芝麻的今天没来，要不咱们就包'四仁'的吧，反正笑笑不爱吃芝麻，放进去的话，她连月饼也不吃了。"薛老师想了想，说："也是，笑笑爱挑食，那就不买芝麻了。"临走前，薛老师还特意买了四个不同颜色的瓶子，准备用来装食材。

回到家，薛老师让脑大爷把几个瓶子清洗干净，然后分别将果仁放进四个瓶子中。

请您帮脑大爷看看，每种果仁分别对应什么颜色的瓶子吧。

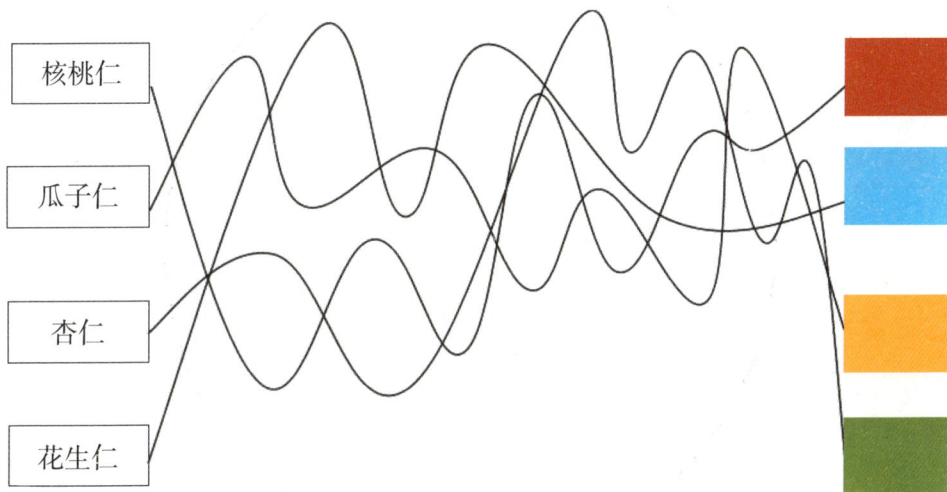

紧接着，薛老师和脑大爷在家忙活了一整天，做了好多月饼，有五仁的，有枣泥的，还有豆沙的。整个屋子都飘满了香喷喷的味道。脑大爷看着他们做好的月饼，高兴地对薛老师说："你看咱们的月饼，不仅味道香，样子也好看。"薛老师看了以后走到橱柜前，脑大爷问："你找什么呢？"薛老师说："我记得上次逛商场时买了几个特别精致的盘子，今天正好拿出来盛月饼。"

请您将附录6中的月饼和刀叉涂色并剪下，然后帮薛老师贴在下面的餐盘中吧！

午饭后，孩子们该上班的上班，该上学的上学去了。脑大爷自己看电视剧，薛老师没兴趣，自己拿着手机看了会儿直播。薛老师最近迷上了手机直播，关注了不少老年主播，有分享自己旅游体验的，有分享自己做饭经验的，还有带货老年用品的。她看到有一个主播正在直播自己在欧洲的旅行，蓝天白云的风景看得薛老师非常羡慕，盘算着有机会自己也要出去玩，但是想了半天也没想到除了脑大爷之外还能和谁一起去旅游，况且女儿女婿现在工作忙，自己每天还要接送和照顾笑笑，想来一场说走就走的旅行太难了。想到这里薛老师一声叹息，默默放下手机，走到了窗边看看窗外的景色。

九月底的北京可和直播里的欧洲全然不同，当了一辈子语文老师的薛老师站在窗边，看着这如画秋色徐徐念道："树树皆秋色，山山唯落晖。"突然薛老师来了兴趣，过去推了推脑大爷说："你别看电视了，这电视剧什么时候看不行啊，北京的秋色可过几天就没了，你还不好好珍惜，快陪我到阳台坐坐，我给你泡壶茶，走走走。"

脑大爷被薛老师催着关了电视，摆上了小茶桌，老两口坐在阳台上，一边看着窗外秋色，一边喝着茶，美哉快哉。薛老师突然提议说："老脑，要不咱俩来对诗吧，必须是描写秋天的，我说一句你说一句。""拉倒吧，你是语文老师，我又不是，我哪里对得过你。""试试吧，你得提高提高你的文学素养，好歹也当了这么多年语文老师的家属了。我先说一个，'秋风万里动，日暮黄云高'，到你了！"

脑大爷笑了笑，说："我这都是老头了，还提高什么文学素养啊，又不是小年轻追女孩子。"

薛老师开玩笑说："你现在提高了文学素养也可以去追女孩啊，看看除了我还有谁能看得上你。赶紧吧，到你了。"

脑大爷为难地想了半天说道："呃，'＿＿＿＿＿＿，＿＿＿＿＿＿'（请填入两句描写秋季的诗句）。"

薛老师很惊讶地说："哟，可以啊老脑，你还知道这个呢，我再来一个，'满园花菊郁金黄，中有孤丛色似霜'。又到你了。"

脑大爷一听又到自己了，一时想不出，便不耐烦地说："不玩了不玩了，我哪会这个，能说一句就不错了，我在部队里哪读过几本文学书啊，让我说军事知识，我倒是能说出不少。"

薛老师想了想，说："行，对诗是太难为你了，前几天小罗来的时候又给我带了她们的新产品，你不是喜欢提意见嘛，人家都给你封了'首席体验官'，你总得做点贡献。来，咱俩试试，就是那个对联牌，这里面的对联都写得很精妙，同时每副对联又是一个谜面，你来猜猜这些对联都适合贴在什么店铺的门口。"

"贴在店铺门口？你是说，这些对联都描述的是某个行业？"脑大爷有点儿丈二的和尚——摸不着头脑。

"对，就是这个意思。"薛老师肯定道。

请您和脑大爷一起开动脑筋吧！把对应的店铺名写在下面的括号里。

对联一

虽为毫末技艺，却是顶上功夫　　　　　　　　　（　　　　　）

对联二

挥毫万语铺金绣，落纸千言胜紫烟　　　　　　（　　　　　）

对联三

故园水热洗一路风尘，乡人情深暖万里归心　（　　　　　）

对联四

雀舌未经三月雨，龙芽先点一时春 　　　　　　　　（　　　　　　）

对联五

锦绣成文原非我有，琳琅满架惟待人求 　　　　　　（　　　　　　）

猜了半天，脑大爷都没猜出一个来，便和薛老师说："这个好难啊，我不擅长语文，你看都秋天了我还出了一脑门子的汗。不行，我下次得和小罗说说，别搞得这么难。"

薛老师赶紧说："你不擅长就让人家改啊！人家这游戏是为所有老年人开发的，你不擅长，有人擅长，我很容易就猜出来了。你不懂就别瞎提意见，别误导了人家小罗。"一边说着，薛老师的表情洋洋得意起来，"再说了，这就是给你锻炼大脑的，你知道什么叫用进废退吗？你不擅长就不猜了，那你这方面的能力就会越来越差。"

脑大爷却不在乎地说："我提我的意见，小罗能否接受那是人家的事，人家是这方面的专家，自然知道我说得对不对，你以为人家还是当年的小孩子啊。不行，我得把我这条意见记到记事本上，不然下次小罗来的时候我早就忘得一干二净了。"说完，脑大爷就起身去找本子和笔了。薛老师看脑大爷对自己的"首席体验官"职位还挺上心，就没有再说什么，继续欣赏着窗外美丽的秋色。

坐了一会儿，薛老师也起身去整理自己种的花花草草了。

第十九章
儿女们的结婚纪念日礼物

脑大爷和薛老师的结婚纪念日要到了，子女们商量着要给爸爸妈妈一个惊喜，每人给爸妈准备一份礼物。可买点什么好呢？现在生活条件好了，早就过了为吃喝发愁的年代，送烟送酒不利于身体健康，送吃送喝也没啥新意，送点啥好呢？大儿子大伟召集大家专门为此开了个"专题会"，讨论讨论该送什么礼物才好。

这一天大清早，孩子们纷纷带来了给脑大爷和薛老师买的礼物，大伟看到小萍送的礼物包装非常精美，便笑着说："小妹啊，你买的礼物咋还有包装？整那么花哨干啥，把我们都比下去了！""那必须的，没有包装怎么制造神秘感！你那个一看就知道是啥，赶紧找个盒子包上！"小萍冲着大哥嫌弃地说。"还真是，那我得赶紧去找个盒子。"大伟赶忙跑到储藏室，准备找个盒子把礼物包装起来，但是他翻来翻去，发现纸盒子都被薛老师拆了，有的完整，有的残缺不全，都整整齐齐地叠放在墙角。大伟忙喊人来帮忙："小萍！丽丽！快来帮忙！"大家听到大伟喊人，便都跑去看。"怎么了哥？"小萍最先发问。"你们看看，这么多盒子，都被咱妈给拆了，一个一个像站岗似的，虽然整齐，但是我也看不出哪个能用啊！你们快帮我找找，时间快来不及了。"

请您帮大伟看看下面哪个能组装成一个方盒。

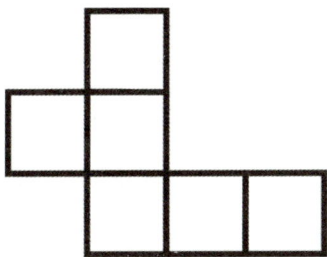

A

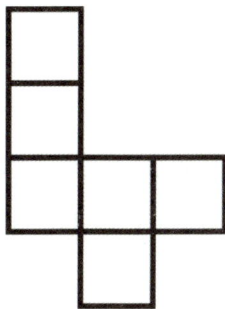

B

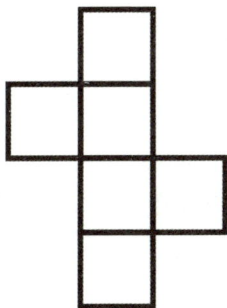

C

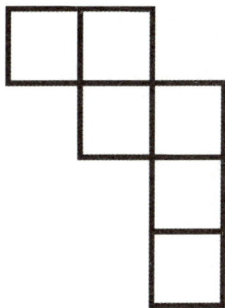

D

在大家的帮助下，大伟终于找到了一个可以组装起来的盒子，把礼物装了进去，大家的礼物都准备好了，就等着脑大爷、薛老师来拆了。

"妈，我爸去哪儿了？"小萍问薛老师。"出去遛弯了。""都十点多了，咋还没回来呢？""是啊，给爸打个电话吧。""你爸出门没带手机。""那我们去找找吧！"大家正七嘴八舌地讨论着，笑笑听到了开门声，连忙跑过去喊："姥爷回来了！"

薛老师迎上去担心地问道："老脑，你今天咋回来得这么晚？给孩子们都急坏了，正要出去找你呢！""哎，没啥事儿，就是遇到一个犯病的老哥，我给他送回家了。"脑大爷笑呵呵地答道。"啊？爷爷，咋回事？"小雨疑惑地问道，大家也都凑上前来，等着脑大爷开讲。

"就是往家走的时候，路过小区的花坛，遇到一个80多岁的老哥躺在长椅上喊救命，周围也没有人，我就过去了，他指着自己的裤兜说'药……药'。我一想，他肯定是心脏病犯了，一摸他的裤兜，果然里面有个小药瓶，拿出来一看，是硝酸甘油，我倒了一片给他塞进嘴里，过了两分钟，看他好多了，就把他送回了家。"脑大爷平静地讲完了事情经过。

"哇！姥爷，您太棒了，您就是我心中的大英雄！"帅帅兴奋地喊道。"姥爷好帅！"笑笑也跟着喊道。脑大爷被孩子们的反应吓了一跳，说："嘘嘘——这有啥呀，小事小事，不足挂齿。"说完，他有些沾沾自喜，心想，在孩子们心中，姥爷是英雄呢。

　　"别起哄，别起哄，还大英雄呢，老脑，你也不怕别人赖上你？"薛老师嗔怪道。"怕啥呀，再说了都是街里街坊的，有困难了搭把手，不都是人之常情嘛！"脑大爷不以为然地说。"现在社会风气不太好，你看新闻报道上经常有这种做好事反被赖上的，到时候赖上你，看你咋办！"薛老师一副恨铁不成钢的架势。"你呀，就是把人想得太坏了，虽然有些负面报道，但还是好人多。再说了，如果人人都像你这样想，社会还有啥温暖可言？咱们的传统美德还能有吗？"脑大爷很严肃地说。"好好好，你对，你有理。"薛老师虽然无奈但也觉得有道理。

　　"爸妈，快来看看我们给你们买了什么礼物！"小萍怕老两口吵起来，赶紧转移话题。

　　脑大爷一看："嚯！怎么这么多礼物啊，重阳节这么隆重吗！""爸，你忘啦？过几天就是您和妈的结婚纪念日啦！您和妈吵吵闹闹一辈子，也同甘共苦一辈子，我们几个孩子都要以您为榜样呐！"小萍说。

　　"哦哦，是啊，老伴儿，咱们结婚纪念日马上就要到了！这算一算，得有40多年了。"脑大爷看了看薛老师，有些感慨。薛老师也说："是啊，时间过得可真快啊，这不知不觉中，一辈子都快过完了，人生也要走到终点了。"大伟赶忙说："哎呀妈，您老真是想多了，您和爸这身体，正是'夕阳无限好'的时候呐，我爸这么注重脑力锻炼，这脑袋，比年轻人也不差呢！来来来，快拆开看看都有什么礼物！"

　　脑大爷和薛老师把礼盒逐一拆开，手机、老花镜、围巾、衣服等东西一应俱全。

"嗯？成语拼图？这怕是给笑笑买的吧？"脑大爷指着一盒拼图，有点不明白。"这是我专门给您和奶奶买的！"小雨笑眯眯地对着爷爷说，"听我同学介绍，这是一款针对老年人大脑训练的拼图，很有意思，爷爷不是总觉得自己脑子不好使了吗，所以我就买了这个，爷爷奶奶您二位现在就可以试试啊！""行，听孙女的，咱们来试试。"

下面是一些零散的成语拼图，请您把它们补全。

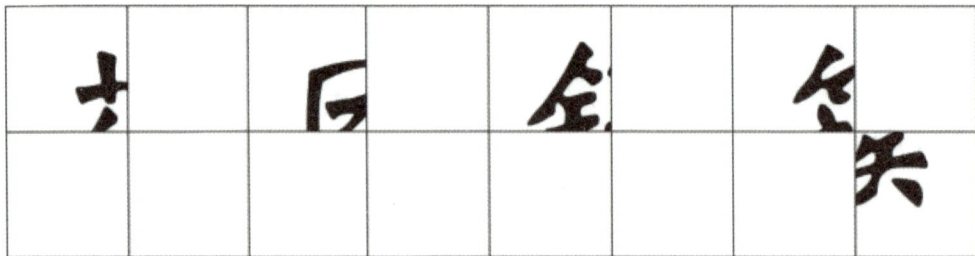

第二十章

岁岁又重阳

重阳节这天，儿女们早早来到脑大爷家陪老两口一起过节。大家纷纷下厨，每人几个拿手菜，一桌丰盛的大餐就摆上了桌。

"爸妈，吃饭了。"儿媳妇丽丽说。

"快来快来，开饭了！"脑大爷一声令下，大家纷纷落座。"今天是重阳节，难得你们都有空，还各自下厨做了一桌子菜，俗话说，好菜配好酒。"说到这，脑大爷神神秘秘地拿出了一个小瓷瓶，"给你们喝点儿好东西，纯天然无污染，来来来，都倒上点儿。"

"姥爷，这是什么？"笑笑看向脑大爷。"这个啊，是你聂爷爷自己酿制的菊花酒！""爸，这菊花酒是什么酒？没见过卖的啊！"大儿媳丽丽一肚子疑问，脑大爷说："这菊花酒啊，是由菊花与糯米、酒曲酿制而成，有人也称它长寿酒，有养肝、明目、健脑、延缓衰老等功效。在古代被看作是重阳必饮、祛灾祈福的'吉祥酒'呐。""呦呵，这样说来，这酒真不错啊！"丽丽感叹道。

"姥爷，这个瓷瓶真好看呀，有好多图案呢！"笑笑目不转睛地盯着瓷瓶。脑大爷笑着说："这是你姥姥精挑细选的，是不是很雅致呀？"笑笑点了点头。薛老师说："看你姥爷把这酒当宝贝一样，我还不得选一个好看的瓷瓶让他满意。"儿女们听了纷纷表示，难得脑大爷和薛老师这次这么和谐。小雨也靠近瓷瓶仔细端详起来，说："我可要好好看看奶奶选的这个瓶子呢。"

您家是否也有很好看的瓷瓶呢？让我们今天也来装饰一个美丽的瓷瓶吧！请您使用剪刀将附录7里面的花纹剪下，然后粘贴到下面的花瓶上。

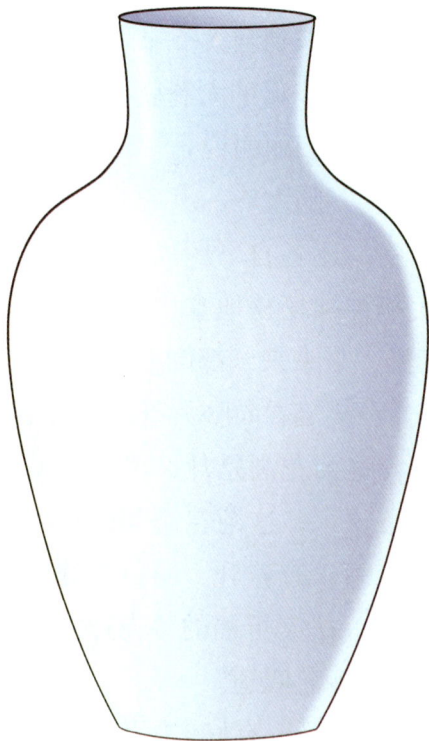

"姥爷，那我们能喝点吗？"笑笑问道。"你可不行，小朋友都不能喝！""为什么？"笑笑一脸不满意。"因为小朋友喝酒对大脑不好，会变笨的。"薛老师笑着说。"笑笑，你知道今天是什么节日吗？"脑大爷对着笑笑问道。"我知道，今天是重阳节！"嘴快的笑笑立马答了出来。"那你知道重阳节都有什么习俗吗？""吃好吃的！"笑笑毫不犹豫地答道。"你就知道吃！"帅帅一脸嫌弃地看向小妹妹。"帅帅，你来说说！""重阳节，又称登高节、重九节、九月九、茱萸节、菊花节，是咱们中国的传统节日。因为在农历九月初九，故又称九九重阳，与除夕、清明节、中元节三节并称为中国传统四大祭祖节日。重阳节早在战国时期就已经形成，到了唐代被正式定为民间节日。重阳节有出游赏景、登高远眺、赏菊、遍插茱萸、吃重阳糕、饮菊花酒等习俗。"

您的家乡有哪些关于重阳节的习俗呢？请写在下面吧。

_____

_____

_____

"呵，帅帅真厉害啊！让我说都说不出来！"丽丽摸了摸帅帅的头，对小萍说。

"嗨，他这都是学校要求的，必须得背。"小萍嘴上这么说，却也为儿子的优秀感到骄傲。

"帅帅有学问！来，咱们先干一杯！"脑大爷带头举起酒杯，豪爽地干了一杯。"哎呦，你少喝点。"薛老师见状，赶紧阻拦。"不怕，这老聂酿制的菊花酒度数低。"脑大爷无所谓地说。"来，这里还有你们林大妈做的菊花糕，快尝尝。"薛老师给笑笑夹了一块甜点。"小雨，你知道重阳节的由来吗？""当然知道了，前两天，我们学校社团刚刚筹办了一场关于重阳节的活动。"小雨得意地说。"姐姐，你给我们讲讲吧！"笑笑一脸的求知欲。"好，我来给大家讲讲。相传在东汉时期，汝河有个瘟魔，只要它一出现，家家户户就会有人病倒，甚至有人丧命，这一带的百姓受尽了瘟魔的蹂躏，惨不忍睹。当时有个叫恒景的青年，瘟魔害死了他的父母，他自己也差点儿丧了命。

恒景病愈后，辞别了心爱的妻子和父老乡亲，出去访仙学艺，要为民除害。他历经艰险，终于在一座大山里找到了一位法力无边的仙人。仙人送给他一把降妖宝剑，并传授降妖剑术。恒景废寝忘食，日夜苦练，终于练出了一身非凡的武艺。

有一天，仙人把恒景叫到跟前，对他说：'明天是九月初九，瘟魔又要出来作恶，如今你的本领已经学成，该回去为民除害了！'这时，仙人送给恒景一包茱萸叶，一瓶菊花酒，并授以避邪秘诀，让恒景骑着仙鹤赶回家去。

恒景回到家乡，在九月初九的早晨，他按照仙人的嘱咐把乡亲们领到附近的一座山上，发给每人一片茱萸叶，一盅菊花酒。中午时分，北风骤起，天昏地暗，随着几声凄厉的吼叫，瘟魔冲出汝河，扑到山下。这时，瘟魔突然闻到茱萸的奇味和菊花酒的醇香，瑟瑟发抖，不敢前行。说时迟那时快，恒景手持降妖宝剑，经过几个回合的激烈搏斗，将瘟魔刺死，瘟疫从此消除。以后，每年的农历九月初九，登高避疫的风俗便年复一年地流传下来。1989 年，我们国家将农历九月初九定为老人节，倡导全社会树立尊老、敬老、爱老、助老的风气。""还是我家小雨有学问。"脑大爷笑着夸奖道。薛老师笑着站起来，说："独在异乡为异客，每逢佳节倍思亲。重阳节大家都回来了，我们一家团团圆圆的，比什么都重要。行了，赶紧吃吧，菜都凉了。"薛老师招呼着大家赶紧动筷子。"对对对，动筷子，别光看着。""这鱼不错，来尝尝。"这虾新鲜，来，姥姥给笑笑剥一个。""谢谢姥姥。对了，姥姥，老师还让我们背您刚才说的那首诗呢！""乖！"一顿饭在热热闹闹的氛围中进行着。

您还知道哪些关于重阳节的诗句呢？请写在下面吧。

_____

_____

_____

"来，餐后水果。"午餐接近尾声，小萍端上来一盘切好的西瓜，招呼大家来吃。薛老师笑着说："这会儿的西瓜能好吃吗？""好吃，甜着呢！这是海南空运来的，爸，您也来一块！""来来来，大家都吃！"脑大爷招呼着大家，"现在真是生活好了，想吃啥，只要有钱就能买到，天南的海北的，想啥有啥！"薛老师感慨道："是啊，过去这个季节哪儿能吃上西瓜呀！尤其是咱们北方，一立秋，西瓜基本上也就没有了。"

"不过，说起来，在1972年的重阳节我还真吃到了西瓜，印象特别深刻。""真的吗？爷爷您给我们讲讲吧！"小雨兴致勃勃地说。"那年，我们排在大荔执行任务，恰逢周末休息时间，大家正在一起打扑克，三班长要让我请客，我给了他2元钱，让他去买吃的，这时候正好听见外面有人叫卖西瓜，三班长拿着2元钱就跑出去了。不一会儿，三班长让大家伙帮着去抱西瓜，大家出门一看，好家伙，十来个大西瓜放在营区门口。""姥爷，2块钱能买十来个大西瓜？太便宜了吧！西瓜论堆卖呀！"帅帅好奇地问。"我们那会儿呀，西瓜3分钱2斤，你来算算，2块钱买多少斤？"脑大爷笑呵呵地对着帅帅说。"100多斤啊！"帅帅惊讶地说。"哇，100多斤，好多呀！"笑笑喊道。"可是，奶奶不是说过去咱们北方立秋后就没有西瓜了吗？重阳节距离立秋有一个多月呢！爷爷，您是在云南的大理驻训吗？"小雨好奇地问道。"不是，我们是在陕西的大荔，当时我们住在大荔朝邑镇，离黄河滩很近，也就五六百米吧，大荔这个地方盛产西瓜，当地的瓜农有办法，他们将没熟透的西瓜放进地窖里，能储存到冬天呢！""哇，他们好厉害！"笑笑赞叹着。"是呀，人类的智慧是无穷的，所以你们要好好学习，掌握更多的知识，发明创造出更多的好东西！"脑大爷摸着笑笑的小脑袋说。"我会的，姥爷您放心吧，我要好好学习，天天向上！"笑笑握紧小拳头对着脑大爷大声说。"好，姥爷相信你！"

　　"好了好了，大家都吃好了吧，该让爷爷奶奶休息了。"大儿媳丽丽收拾完厨房，走上前笑嘻嘻地说。"那好吧，姥姥姥爷再见，下周我再来看您！"笑笑恋恋不舍地对着脑大爷、薛老师挥挥手。"好好好，下周再见！"

　　"真是有点累了，岁月不饶人呐。孩子们都走了，咱们也去歇会儿吧！"脑大爷、薛老师相互搀扶着回屋睡午觉去了。

第二十一章

妙对诗词

"独在异乡为异客，每逢佳节倍思亲。遥知兄弟登高处……遥知兄弟登高处……遥知兄弟登高处，后面是什么来着？"笑笑满脸不高兴地问，"姥姥，姥姥，遥知兄弟登高处后面是什么来着？我记不清了，这首古诗太难背了。"

"噢？不要着急，你可以考考姥爷会不会啊？"正在看报纸的薛老师摘下老花镜缓缓地说。

"姥爷，姥爷，我考考您。"笑笑蹦蹦跳跳地跑向脑大爷，"独在异乡为异客，每逢佳节倍思亲。后面是什么？"

"这个有点儿难啊，得让我想想，好像是……诶？"脑大爷明显有些尴尬了，心里记得重阳节的时候，才听薛老师念过这首诗。

"遥知兄弟登高处，遍插茱萸少一人。"从书房里传出了帅帅的声音。

"对，对，我马上就要背出来了，帅帅，被你抢先了一步。"脑大爷颇有些不好意思地说。"你怎么记得这么清楚啊？来给妹妹讲讲怎么背下来的，好不好？"

"我也是前两周才背过。"帅帅得意地踱着方步从书房缓缓走了出来，"这不是两周前过重阳节吗？我们课上刚刚搜集完有关重阳节的诗词呢。"

"那你的同学们是不是还搜集了很多其他诗词啊？你还记得有别的什么古诗词吗？能不能给我们再背几首啊？"脑大爷一下来了兴趣。

"当然可以，不过有一些我也记不清了，姥爷，姥姥，笑笑，我们一起来诗词接龙好不好？"

"好呀，好呀，我最喜欢诗词接龙了，姥姥在这方面可厉害了，没有她接不上来的诗。姥爷，你也要加油啊。"笑笑抢先坐到了沙发上，拍了拍旁边的位置，招呼着脑大爷和薛老师也坐过来。

"好了，帅帅，你先开始吧。"薛老师胸有成竹地说。

"那我们就先来一首简单的？风急天高猿啸哀，渚清沙白鸟飞回。姥爷，您能接出来吗？"帅帅脱口而出就是一首杜甫的诗。

"啊，这个啊，我知道，嗯，无边落木萧萧下，不尽长江滚滚来。这是杜甫的《登高》。"脑大爷明显舒了一口气，心里暗想：好在没被难住，要不该被帅帅取笑了。"后面还有呢，万里悲秋常作客，百年多病独登台。艰难苦恨繁霜鬓，潦倒新停浊酒杯。"薛老师补充道。

"姥姥和姥爷真棒！哥哥，还有吗？"笑笑抱着脑大爷的脖子开心地笑着。

"当然有啦，这只是一首简单的，听好了啊，下面的就难了。"帅帅仔细地想了想，然后说，"故人具鸡黍，邀我至田家。绿树村边合，青山郭外斜。这个还能接出来吗？"

"这个我会，这个我会！"笑笑在沙发上高高举起手来。

"好吧，那你说，后面接什么？"帅帅万万没有想到笑笑居然会背这首诗，颇为怀疑地看着笑笑。

"这是孟浩然的《过故人庄》，故人具鸡黍，邀我至田家。绿树村边合，青山郭外斜。开轩面场圃，把酒话桑麻。待到重阳日，还来就菊花。"笑笑虽咬字不清，但一口气就把整首诗背下来了。"怎么样啊，哥哥，我是不是很厉害？快夸夸我。"

"嗯，你真棒，笑笑最棒了。辅导班真不白上啊！"脑大爷、薛老师和帅帅都不约而同地称赞起来。

"给姥姥出一道难度大的。"脑大爷和帅帅边眨眼边说。

"姥姥，你可准备好啊，不要连笑笑都比不过了。"帅帅托着下巴暗暗思索着。"有了，姥姥，您可听好了啊，这个可难啦。薄雾浓云愁永昼，瑞脑销金兽。佳节又重阳，玉枕纱橱，半夜凉初透。"背完这几句，帅帅把手一背，一副胜利在握的表情。

"哇，好难啊。"笑笑感叹道。

"老伴儿，这下知道咱小外孙不简单了吧？"脑大爷反而有一点儿得意。

"嗯，是挺难的。"薛老师不急不慢地说，"容我想一想啊，后半部分应该是，东篱把酒黄昏后，有暗香盈袖。莫道不销魂，帘卷西风，人比黄花瘦。取自李清照的《醉花阴》，是不是？"

"啊？这您都能接上来啊？姥姥您太厉害了。"帅帅几乎是惊呼出来的。

"那当然，你姥姥那可是大文豪。"脑大爷似乎更加得意了。

"人比黄瓜瘦？人怎么比黄瓜还瘦啊，那真是太瘦了！"笑笑歪着脑袋念叨着。

这一下，可把其他人逗笑了。"是人比黄花瘦啊，我的乖乖。"薛老师笑得前仰后合的。

"哦，这样啊。那姥姥，您是怎么记住这么多诗词的？教教我们吧。"笑笑摇着薛老师的胳膊央求道。

"这些古诗词都有一个共同之处，都是描述一个传统节日的对不对？"薛老师启发式地提问道。

"都是说重阳节的，"帅帅抢着说，"都是重阳节时老师布置的作业，然后同学们搜集的。"

"姥爷两周前是不是刚给我们讲过重阳节的来龙去脉呀？"薛老师笑眯眯地看着脑大爷。"这些诗词里有大量的特征性元素啊，比如登高、祭祖、重九、茱萸、菊花，都可以很好地辅助我们进行记忆。还有就是对于生活和生命的体会，孩子们，你们会慢慢长大，生活的酸甜苦辣，生命的交替轮回，你们也会慢慢有自己的体会。古人常常寄情于物，借物抒情，加之秋日的情景，就产生了许多这样优美的、悲怆的、刚毅的诗词。"

"古人为什么要创造出这么多活动和仪式来祭祖呢？"帅帅不解地问。

"因为古人对于客观世界认识不足，为了寄托对已故家人的思念，逐渐演变出了一整套体系，比如相信人有灵魂，当亲人故去，只是肉体消逝了，而灵魂会到另外一个世界去，家族中的先辈会在另一个世界庇护着子孙后代，而子孙后代也要通过努力而获得成就，以告慰先辈的在天之灵，这是中国文化中很重要的宗族文化的体现。人们往往认为在特定的日子里，人间和灵魂所在的世界是能够相通的，为了让已故家人的灵魂能够回到宗祠和家族团聚，就演变出了许多祭祀活动。"脑大爷解释道。

"姥爷，姥爷，我有一点儿害怕，我们不讲了好不好？"笑笑蜷缩在薛老师的怀里小声地说。

"好了，好了，干嘛和孩子们说这些深奥的东西。"薛老师略带埋怨地说。

"怪我，怪我，"脑大爷也颇为自责地说，然后话锋一转，开玩笑地说："那我们来陪姥姥写书法好不好，就来写一幅'人比黄瓜瘦'吧！"

"哈哈，好好！但是姥爷，那叫'人比黄花瘦'！"

"哎呀，我们笑笑真厉害，是'人比黄花瘦'！"

第二十二章
帅帅和笑笑的大比拼

"孩子们，快出来！看我拿来了什么好玩的东西！"脑大爷拿着一张纸，在客厅里叫帅帅和笑笑。

"姥爷！什么好玩的呀！"笑笑一路小跑而来，帅帅紧随其后。

"看，你们有没有兴趣比一比，看看谁能取得更好的成绩？"只见脑大爷从茶几下面拿出几页纸，上面密密麻麻地画着许多线条。

"好啊，好啊！"孩子们兴奋地呼喊着。

"这个游戏叫迷宫探索，每幅图都有入口和出口，但是只有一条路能够连接入口和出口，你们要做的事就是找出这条唯一的路，注意可不能翻墙而过啊，准备好了吗？"

"听起来真好玩儿，我们要比一比看谁更快。"

请您也试着画出连接入口和出口的线路。

　　"看来笑笑和帅帅是势均力敌啊，好像两个人互有胜负。"脑大爷思考了一会儿，继续说，"我还有一个有趣的游戏，这个游戏才更像一个惊喜。"脑大爷神秘地冲孩子们眨了眨眼。帅帅笑着说："姥爷您还卖关子。"脑大爷又拿出了两张密密麻麻的纸，帅帅和笑笑赶紧凑上去，上面都是奇形怪状的图形，还有很多黑点。笑笑问："姥爷，这是什么呀？看着好奇怪。"脑大爷拿出彩笔，说："按照下面的规则，看你俩谁完成得快，最后还要告诉我是什么哟。"

请您和帅帅和笑笑一起，使用彩笔将下方图案中带有黑点的区域涂上颜色，完成后您就会发现惊喜了！

　　"原来是它呀！"笑笑和帅帅几乎同时喊道。"怎么样？姥爷的游戏好玩吗？但是你们怎么总是胜负难分呢？"脑大爷故意摸着下巴做深思状。薛老师在一旁打趣道："你是不是没有能分出胜负的游戏给孩子们玩啊？"

　　"怎么可能？有！"脑大爷执拗地说，"现在生活是好了，想当年啊，我们哪儿有什么电磁炉、微波炉、烤箱啊，每天要想生个火都得费很长时间。""让你出游戏，你这算是哪出啊？"薛老师不解地说。"老伴儿，别急啊，今天呐，就给小家伙儿们看一个'新东西'。"脑大爷煞有介事地卖起关子来。"什么，什么呀！"两个小家伙充满好奇地望着姥爷。

　　"别急，别急。"脑大爷不慌不忙地从身后摸出一个小盒子，"你们看这是什么？""我认得，我认得！"帅帅抢着说，"这是火柴。""对喽，这是火柴，也叫洋火。话说为什么叫洋火呢？因为以前咱们中国落后啊，连火柴也生产不了，都得是……哎，难呐。"脑大爷有些情不自禁起来，眼圈微微泛红。

　　"老头子，你干嘛呢？让你出游戏呢，怎么又说起这些了。"薛老师赶紧打岔。"哦，对对对，出游戏。"脑大爷晃晃脑袋，提了提嗓门，说："你们看啊，这火柴和一般的小木棒可不一样，它有头有尾，还可以拼出不同的图形，这些图形还可以互相转化。现在我用火柴摆出来一个燕子，它的头是朝向左边的，你们两个过来看看，如何只移动3根火柴就使这个燕子掉转方向，头朝右边。"

请您也跟着试一试。

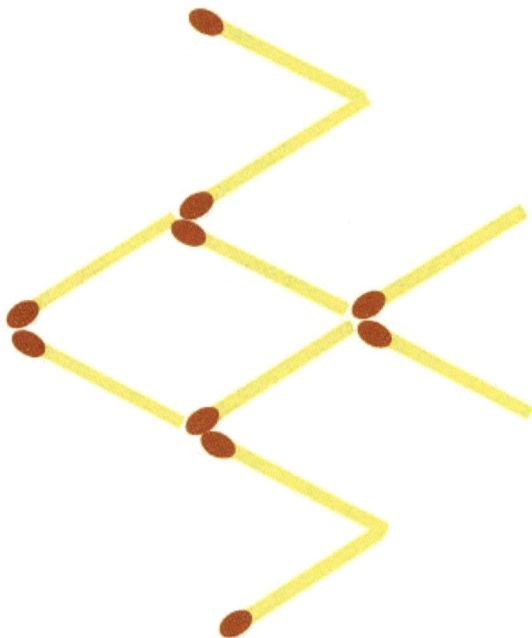

　　"这些都是小意思，难不倒我们。"没一会儿，帅帅和笑笑就把所有的谜题都解出来了。"姥爷，还有没有更难的题目啊？""当然有啊！"脑大爷不服气地说，"古人的游戏多了去了，这只是小儿科而已，还有好多好玩儿的游戏呢。中国文化博大精深，特别是我们的文字和语言，与世界上大部分国家的语言所使用的拼音文字不同，中文使用的是象形文字，正是因为象形文字具有复杂的图形构造，所以也能够引申出很多的组合。当这样的文字和优美的诗词文化碰撞到一起的时候，就演变出了颇受古代文人墨客喜爱的猜谜活动。"

"不就是猜字谜语嘛，有什么了不起，还说得这么厉害。"帅帅一脸不屑地说。

"帅帅，这可就是你说得不对了。"薛老师略带严肃地说，"猜字谜虽然看着简单，但实际上要想编出一个很好的字谜，仍然是一件不容易的事呢。小小的字谜中包含了离合、增损、象形、会意等多种创造方式，不仅要做到多角度描绘，词句简短，对于行文措辞和谜面修辞技巧的要求也很高呢。"

"我知道，我知道！"笑笑一直插不上话，这时候着急地说，"二小，二小，头上长草。"

"笑笑，你这个太简单了，是大蒜的'蒜'。这有什么难的？"帅帅一副得意的表情。

"这个是简单，但这个可不是最好的字谜啊。帅帅，姥姥也出个字谜让你猜一猜。"薛老师微笑着说，"听好了啊，谜面是：二形一体，四支八头，四八一八，飞泉仰流。"（打一字，请您也猜一猜）

"呃……"帅帅这下可犯难了，小脸儿涨得通红，想了半天也没有头绪，低着头小声说："姥姥，这太难了。我都看不明白这谜语说的是什么。"

"不要着急，现在知道要想写出一个好字谜并不是一件十分容易的事了吧！"脑大爷哈哈笑着说，"要简洁明了又要生动形象，既要有高度集中的概括，又要有真实可信的依据。在做到通俗易懂的同时，还得注重含蓄委婉，确实不是一件容易的事啊，需要对语言和文字有深入的了解才行，所以你要好好学习啊。姥姥刚才出的字谜，应该是井字。"

"姥姥，姥姥，再出几个好玩儿的字谜吧。"

请您也一起猜猜下面的字谜吧。

字谜一

帝有臣无，帅有将无。
市有集无，师有徒无。

字谜二

头上草帽戴，帽下有人在。
短刀握在手，但却人人爱。

字谜三

半边鳞甲，半边毛，
半边离水难活命，半边入水命难保。

"哎呀，真好玩儿，就是有太多字我不认识。"笑笑抓着薛老师的手说，"要是能像哥哥一样认识那么多字就好了，不对不对，要是能像姥姥一样知道那么多字就好了。"

"好玩儿是好玩儿，就是太烧脑了，好累啊！"帅帅伸了一个大大的懒腰，"姥爷，我记得正月十五元宵节就要猜灯谜，对不对？古人为什么搞出这么多做游戏的节日啊？"

"哈哈哈，帅帅啊，你就是想着玩儿！"脑大爷轻轻地敲了一下帅帅的额头，"古人过节更多的是希望家人团聚，缅怀先人，寄托对于家人思念，你们要知道，家国文化可是中国传统文化里十分重要的组成部分啊。无论是前面提到的重阳节还是你说的元宵节，都是十分重要的家庭团聚的节日。"

"怪不得诗人要登高作诗呢，他一定是不能回家，不能见到家人，所以想念他们了，作诗寄托自己的思乡之情吧？"帅帅略有所思地说。

"只是诗人想念家人吗？家人也一样会想念他吧？"笑笑看着脑大爷天真地问道，"家人会不会也想知道他在外面过得好不好啊？"

"当然会啊，所以才会有'烽火连三月，家书抵万金'的绝句啊。"脑大爷感慨地说，"有谁不希望得到家里人的关心呢？"

"看你们姥爷的那点儿小心思，每天就害怕别人忘了他。"薛老师忍不住边笑边说，"你们知道吗？姥爷听别人说写回忆录有很好的健脑作用，也正在写回忆录呢，就希望把他的那点儿事儿啊，都让你们知道，免得呀，得不到家人的关心！"

"哦？真的呀！姥爷姥爷，您写了多少了？赶紧给我们讲讲吧！"孩子们簇拥到脑大爷身旁，认真地听脑大爷讲起从前的故事。

　　脑大爷开了话匣子，从入伍从军，到参加工作，滔滔不绝讲个没完。"好了，好了，今天就先讲到这里吧。"薛老师端着果盘从厨房向客厅走来，"快来吃水果了，你呀，一讲起来这些陈芝麻烂谷子的事就没完没了。赶紧带孩子们去洗手吃水果吧。"

　　"真的好棒，原来姥爷那么厉害啊，我们还要听。"

　　"行，今天先到这里。"刚才还像霜打了的茄子一般的脑大爷看到孩子们这么喜欢听自己以前的故事马上又精神抖擞起来，"既然你们爱听，往后姥爷再慢慢给你们讲，等姥爷的书出版了啊，亲自签名给你们。"

　　"好呀，姥爷，我们盼着呢！"

第二十三章

记忆的温度

　　周六一早起来，薛老师拉开窗帘，被明晃晃的雪景晃了一下眼，缓了缓神，定睛一看，窗外竟下着鹅毛大雪。

　　"笑笑，笑笑，快起来看看外面下大雪啦！"笑笑一听，马上从床上爬起来，一边跑一边叫："下雪啦！下雪啦！堆雪人啦！"薛老师拿着衣服追着笑笑说："快穿上，别感冒了。听姥姥说啊，一会儿咱们得先去上英语课，上完课吃了饭，你爸爸就该回来了，到时候让他陪你去堆雪人啊。""可是我现在就想去堆雪人，可以让姥爷带我去呀，我现在就想去！"笑笑央求道，险些掉下眼泪来。脑大爷看着眼泪汪汪的外孙女，有些心软了，轻声地说："要不咱们下去就玩一会儿，堆个小雪人就回来，行吗？"笑笑连忙点头，乐开了花，嘴里大声喊着："姥爷最好啦，真是世界上最好的姥爷！"脑大爷被笑笑恭维得合不拢嘴，拉上笑笑的小手就要出门。薛老师瞥了一眼脑大爷，有些生气地说："等会儿啊，给她穿上外套啊，这么冷的天，你就惯着吧，摘星星你也去，外面那么冷，她要是感冒了，看你怎么跟闺女交代。再说下雪路多滑呀，你再摔了怎么办，还是中午让他爸带着去吧！"笑笑急得直跺脚，拉着姥爷的衣袖晃个不停。脑大爷说："没事，我小心一点就行了，就在楼下玩一会儿，不去远处，一会儿就上来。这北京好不容易下场大雪，也是难得，让孩子也高兴高兴，放心吧！薛老师，没事的，你做饭吧，一会儿我们爷儿俩就上来了。"薛老师无奈地说："穿厚点儿，孩子要感冒就拿你是问。"

其实要说出去看雪景，脑大爷是有私心的。脑大爷对雪也有很深的感情，脑大爷的童年是在东北度过的，所以一看到下雪后的冰雪琉璃世界，便会有一种天然的亲近感，就会回想起小时候那热热的火炕，还有桌上那热气腾腾的东北乱炖。

走出门，脑大爷给笑笑讲起了童年的记忆，东北的红松高耸入云，一到冬天，大雪落满枝头，可漂亮了。大雪压着树枝，红松的那股强韧劲儿特别让人敬佩，脑大爷觉得自己就是这样的，什么困难都打不垮自己。笑笑低头踩着雪，一路问问题，红松是什么啊？什么是韧劲儿啊？东北冷吗？到了小区院子里，小姑娘拉着姥爷开心地在雪地里跑来跑去，一会儿蹲下捏个雪球，凉得哈哈大笑，一会儿摸摸落在花枝上的雪花，全神贯注地欣赏着天上来客，都想放进嘴里尝尝味道了。

笑笑抬头看到树上零星的叶子，对姥爷说："姥爷，那还有几片叶子。"脑大爷顺势看过去，说："这是枫叶，大部分叶子都掉光了，还有这么几片在树上，这也是一股韧劲儿啊。""可是姥爷，枫叶不是红色的吗？"笑笑不解地问脑大爷。脑大爷笑了笑，说："枫叶在每个季节的颜色都是不同的。""那每个季节都是什么颜色呀，姥爷？"笑笑抬头问。

　　请您和脑大爷一起，带笑笑看一看枫叶在不同季节的颜色吧，请您为下面不同季节的枫叶涂上相应的颜色。

（春）

（夏）

（秋）

（冬）

脑大爷走在雪地上，听到脚下咯吱咯吱的声音，受笑笑的传染，也不自觉地笑了起来，天真得像个孩子。在外孙女的要求下，脑大爷做了一个迷你小雪人放在了花坛边，笑笑开心得合不拢嘴。笑笑虽然不会做雪人，但也没闲着，用她的小手团了好几个大雪球，分了一半给姥爷，两人一起玩撞雪球。

如果两个雪球在下图的路径中滚动，它们会相撞吗？请您帮忙分析一下。

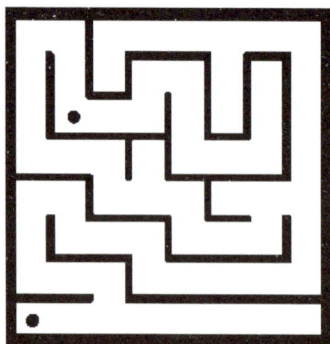

图1　　　　　　　　　　　图2

图3

　　玩了一会儿，脑大爷怕回去晚了让薛老师唠叨，便对笑笑说："咱们先回家吃饭吧，你姥姥等着咱们呢。"笑笑很不高兴地说："再玩一会儿嘛，我还没玩够呢。"脑大爷突然严厉地说："笑笑，刚才咱们是怎么答应姥姥的，说玩一会儿就上去，如果咱们这次不准时回去，下次，你就甭想姥爷再能带你出来玩了。"就这样，小外孙女虽然不情愿，但也跟着脑大爷回了家。

　　脑大爷一到家门口，就闻到一股饭菜香味，赶紧打开门，喊道："哎呀，薛老师，你给我们做了东北乱炖啊，太好啦！我正想着这个味儿呢！""对啊，这不是下雪了，暖和暖和。""老伴儿啊，知夫莫若妻啊，哈哈！笑笑，来，快吃饭，你姥姥做的乱炖可好吃了。"祖孙三人其乐融融地吃了一顿早饭，吃完饭，小外孙女笑笑便去上英语课了。

　　下课后，小外孙女一见姥爷就喊："葛然的怕！"弄得脑大爷有点晕乎乎的，问笑笑："葛然的怕？怕什么呀？"笑笑一手捂着小嘴，一手指着姥爷，哈哈笑个不停，原来是今天上课时老师教了各个称呼的英文，爸爸、妈妈、爷爷、奶奶、姥姥、姥爷……笑笑说了一路。

　　路上脑大爷的电话响了，是老排长的电话，找他商量战友聚会的事情。在北京的几个老战友每年年底都会聚一下，今年老排长想组织一个大点儿的聚会，能来的都来参加，因为觉得大家年纪都不小了，想多见见面，多聚聚。与以往不同的是，今年除了聚餐，还有一个新节目，就是征集大家的老照片，每个人还要写一段有关人生经历的感悟，最后做成一个纪念册发给大家。老排长打电话说："你可得第一个支持我的工作啊！"脑大爷立刻说："保证完成任务！我全力支持，一会儿就回去找照片去。"挂了电话，拉着笑笑的小手说："快走快走，姥爷有重要的事儿喽，咱们先回家，等你爸爸来了让他带你出来堆雪人啊。"

每天吃完午饭都要睡会儿的脑大爷，今天中午困意全无，放下碗筷就跑进了书房，打开角落的旧柜子开始翻找起来，一会儿大声喊道："薛老师，咱们那些老照片都哪儿去了，我记得就在这个柜子里啊，怎么没有呢？我记得就跟我这些旧书放一起了。"薛老师说："我没动你东西，你别找不到东西就找我，我又不是你的管家，找不到总要找我算账。""哎呀，你别说些没用的，快帮我找找，我记得就在这儿啊，有四五本小相册呢。"说着，脑大爷已经"哐哐"地把抽屉翻了个底朝天。

薛老师弯着腰，问脑大爷："你上回翻是什么时候啊？""翻是没翻过，就是上次聚会回来，我好像把洗出来的照片和这些老照片放到一起了，记得就在这儿啊。""反正咱家的老物件儿，旧东西都在这屋，桌子底下的箱子里没有吗？""没有，没有，那里都是工具。""这个呢，这个破行李箱，早就说让你扔了，你非得留着它。""那里边放的可是我的军装啊，怎么能扔呢，肯定不在里边。""你打开看看吧，万一呢。""哎哟，怎么可能在这里啊，这里都是我的旧军装啊！哎呀！"脑大爷一拍脑袋，说："可能是上回闺女看照片，看完放这里了。哈哈，终于是找到了，这可都是无价之宝啊。"

　　脑大爷拿着相册，先是抚摸了一会儿，然后坐到了沙发上，开始翻看起来，一边翻，一边介绍说："老伴儿，你看，那时候我多高啊，现在老了，多少是有点变矮了。"

　　"还有这个，这是我们结婚前拍的照片吧。"

　　薛老师看到这些老照片，有的都已经泛黄了，也不禁感慨起来："是啊，这都多少年了。还有这张，这是咱俩第一回去长城的照片，等有空了，再把前些日子去长城的照片也洗出来，放在一起看。"

　　"好主意，咱们这次去长城拍了不少好看的照片呢，正好洗出来摆在一起，见证我们结婚的这些岁月。"

　　"是啊，这些老照片，都是有温度的，你摸，都是岁月的温度，都是记忆的温度。"说着，薛老师有些红了眼眶。

　　脑大爷说："呦呦呦，不愧是语文老师啊，说话都这么有诗意。"

　　薛老师忍不住瞪了脑大爷一眼："你就讽刺我吧。"

　　脑大爷哈哈大笑着说："不是啊，我是发自内心的。不过说真的，老伴儿，如果你喜欢，我们就把这些老照片重新装裱起来，没事可以看看。"

　　"好啊，就这么定了。"

第二十四章

温馨的家庭树

周末，大孙女小雨回来，一进屋就看见满桌子的照片，拿起来翻了几张，忍不住赞叹道："爷爷，您年轻时候也太帅了吧，太有范儿了，我奶奶也够漂亮的，你们是俊男靓女啊，我以前怎么都没见过呢，这些可太有价值了，这都是岁月的痕迹呀。"爷爷自豪地说："还行吧，你奶奶那时候可是美女，要不我怎么能看上她呢。"

薛老师嘴一撇："当着孩子，别瞎说。"

看了一会儿，脑大爷突然对小雨说："正好，你帮我弄弄这些照片，我不会翻拍。我这是为战友聚会弄的，人家说得把这些都拍下来，然后发什么邮箱里，在我这手机里，你看看。"

"没问题，这个简单，还要准备什么呀？"

"哦，对了，还有，这照片有了，还要写几句人生感悟，我想好了，就写两句话，忆峥嵘岁月，叹祖国繁荣。"小雨说："您这哪是人生感悟啊，人生感悟，得回顾您过去几十年的人生，好好总结一下。"脑大爷说："我就写两句话表达一下对党和国家的深情，这就是我最大的感悟。""爷爷，那有点太简单了，正好你趁着这个机会也好好回顾一下人生。""那你说这人生感悟怎么写啊，还要写成作文啊，要不我给你说说，你帮我整理一下。"孙女回答说："也行啊，那我给您画一个人生鱼骨图吧，可以记录人生经历，挺简单的，咱们一块画一张。"

小雨说着就拿来了一张 A4 白纸和三支笔，一支蓝色的，一支红色的，还有一支黑色的。然后一边画一边跟姥爷介绍人生鱼骨图的画法："您看，把纸横着放，我先给您画一个人生鱼骨的主干，用蓝色的笔在中间画一条长长的直线，在最左边画鱼头，最右边画鱼尾，这就像一个鱼骨，代表人生的路。现在需要您从出生开始回顾自己的经历，按照时间顺序从鱼头到鱼尾进行记录，一个时间点的事件用一根鱼刺表示，一点一点地把这条鱼的鱼刺填满，其中与积极体验（开心的、幸福的）相关的经历用红色写在鱼骨的上部，与消极体验（悲伤的、难过的）相关的经历用黑色写在鱼骨的下部，并用鱼刺的长短表示感受的强弱程度。比如您 17 岁参军是一件开心的事吧。"

"那当然了！特别荣耀！"

"那就在中间主干上找到 17 岁的位置，然后用红色的笔在上部画一根长一点的线，标上'参军'；您 60 岁退休那年，当时有点舍不得，还闹情绪，不高兴，不乐意，那就找到 60 岁的位置，然后用黑色的笔在下部画一根线，标上'退休'。就是这个意思。"

脑大爷若有所思地说："你们年轻人就是会玩儿，这一会儿我就画晕了，还是我说你画吧，要不我就弄乱了。"于是爷孙俩开始了共同创作，整整半天的时间，脑大爷的人生鱼骨图初见雏形了。

请您参照上述说明，根据自己的人生经历画一张属于自己的人生鱼骨图吧。（注：上下鱼骨颜色不同，标上年龄和事件）

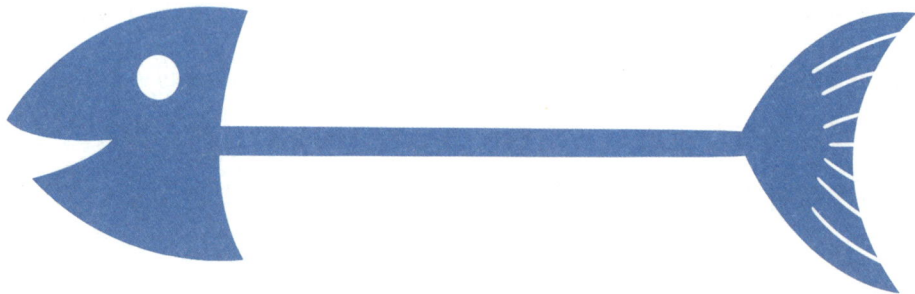

脑大爷看着这张鱼骨图感叹道："仔细想来，过了这大半辈子，从来

都没有好好回忆过自己的一生，我自己这一生非常充实，感谢党和国家对我的培养。时间真快啊，一晃大半辈子就过去了，经历了这么多事呢。薛老师，你也画一个吧，万一以后脑子不好使了，失忆了就写不出来喽。"薛老师说："失忆了挺好，正好让你伺候伺候我，我都伺候你大半辈子了，也该轮到你了。"小雨听着爷爷奶奶这甜味吵嘴，开心地说："你们俩这叫撒糖，哈哈！"

一周过去了，到了周六上午，小雨又来看望爷爷奶奶，一进门就站在那面空白的墙前面，比比划划，念念有词，薛老师走过去问她："大孙女，你干嘛呢？"小雨神秘地说："奶奶，今天我要给你们的房子做做装修。"脑大爷和薛老师互相看了一眼说："你还会装修？这房子好好的，都住了这么多年了，装什么修啊？"小雨拉着老两口坐到桌前，说："爷爷奶奶，你们看我带了什么？"说着，从书包里掏出了一些彩色的东西。"不是装修，是装饰，马上就要新年了，今天给你们装饰一下房间，咱们家里也要制造点节日的气氛啊。你们看，客厅右边的这面墙空空的，上周正好看到你们有那么多老照片，多有意义啊，回学校我就一直想，不应该让它们躺在箱子里，要挂起来才对。所以我就在网上买了树形贴纸，把你们的老照片和我爸妈、我姑他们家的都贴上去，肯定特别漂亮，这样你们就能天天看见自己年轻时候的样子，也会越活越年轻的。我看过一篇文章，美国哈佛大学一位心理学教授做过一个时间胶囊实验，意思就是周围环境越像人年轻的时候，人也会跟着变年轻。"

听了小雨这一番计划，做一棵"家庭树"的想法可让脑大爷和薛老师感动得有点说不出话了，孙女的心意如此珍贵，老两口连忙说："看看咱们这大孙女，就是优秀，什么都懂，就听孙女的，多好啊。正好过年了，反正那些老照片放在那也是压箱底儿，你贴吧，家里也该换换样子，等大家周末回来也能一起看看，多好啊。对我们来说，人老了，一家人在一起，都健健康康、和和睦睦的，就是最大的幸福！吃完午饭咱们就弄。"

午饭过后，三个人一起，又是擦墙，又是看高低、找位置，忙了半天才把树形贴纸贴好，怕贴得不结实，在脑大爷的建议下，又在边缘贴了一些透明胶带。"好了，你们俩来挑照片吧，上面能贴很多照片，你们看放哪几张，树顶上放你们俩，然后左边放我们家的，右边放姑姑家的，怎么样？"

"我跟你奶奶应该放下边，根在下边，上面放你们，开枝散叶嘛。"

"你就听小雨的得了，孩子想得挺好的，从上到下，从老辈到小辈，这不都有了嘛。"

"好好好，听孙女的，你说怎么放就怎么放，薛老师，你看看放哪张合适啊，你比较挑剔，你找吧。"

"得了吧，你事儿也不少。三张啊，那就放一张第一回去长城的，再放一张前两年的，再一找张最近的，这就行了。下边都放孩子们的，把他们从小到大的照片挑一挑，得奖的照片多放两张，让你姑姑也多拿两张那俩孩子的，看着你们，我们俩最高兴！"小雨说："奶奶，我那天看你们过去的照片，特别有感触，再放几张老照片吧，那些特别有年代感，而且你们这么多照片，现在就能贴，我们的照片都是电子版的，还得洗。"薛老师扭头说："那也得给我洗几张，我得天天看着你们，不然想了见不着怎么办。""洗，奶奶，您放心，我明天就洗去。"

三个人又是挑照片，又是找位置，挪来换去的，终于把树顶部分都贴上了老照片，端详着这面以前从没注意过的墙，突然有了生机勃勃、欣欣向荣的感觉，三个人都很满意。就在这时，女儿一家都过来了，看着突然"生长"出来的这棵家庭树，大家都赞不绝口，小萍说："我下午就回去拿照片，这才有过节的感觉，真漂亮。小雨，你这创意可太好了，回头给姑姑家也装饰一下吧！"

请您参照脑大爷的家庭树，也在您家里装扮一棵家庭树吧。

这天晚上，脑大爷和薛老师一起仔细端详着这棵"家庭树"，越发感慨，

于是脑大爷认真地写了一段话，还让薛老师给润色了一下，郑重地发到了自己的朋友圈。文中写道：人生之路，既漫长又短暂，有时候，会觉得人生漫长到要经历那么多喜怒哀乐和悲欢离合，可有时候，又短暂得让人难以理解，那个心中依旧火热年轻的自己在镜中却已是垂暮之年。新的一年又要来了，人生又要向前迈出一步，生活又会赠予每个人特别的礼物，且行且珍惜，只要一家人健健康康地在一起，就是最美好的日子！希望每位朋友阖家幸福！祝福祖国繁荣昌盛！

附 录

附录1：挑果蔬（对应游戏在第 26 页）

附录 2：剪窗花（对应游戏在第 29 页）

附录 3：拼图（对应游戏在第 35 页）

附录4：联想记忆补全词语（对应游戏在第123页）

	插座	
		丝瓜
老花镜		
	葡萄干	

附录 5：建军节祝福（对应游戏在第 124 页）

附录 6：画月饼（对应游戏在第 138 页）

附录 7：花瓶贴花纹（对应游戏在第 148 页）

答案

第一章

《沁园春·雪》

北国风光，千里冰封，万里雪飘。

望长城内外，惟余莽莽；大河上下，顿失滔滔。

山舞银蛇，原驰蜡象，欲与天公试比高。

须晴日，看红装素裹，分外妖娆。

江山如此多娇，引无数英雄竞折腰。

惜秦皇汉武，略输文采；唐宗宋祖，稍逊风骚。

一代天骄，成吉思汗，只识弯弓射大雕。

俱往矣，数风流人物，还看今朝。

第三章

1.脑大爷和薛老师购买的商品：草莓、芒果、苹果、白菜、土豆、茄子、黄瓜、萝卜、四季豆、地瓜、五花肉、排骨、牛肉、猪耳朵、鸡翅、灯笼、抽纸。

2. 小票空缺：土豆单价 4.2 元、牛肉单价 38 元、红薯单价 5.8 元、草莓单价 26 元、芒果单价 26 元、排骨数量是 2 斤、鸡翅单价 48 元、苹果数量是 3 斤、灯笼单价 18 元、件数共计 17、总价为 480 元、找零为 19.6 元。

第四章

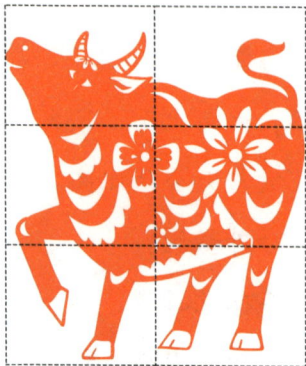

第五章

1. 线路规划：线路 A 用时短。

2. 照片是脑大爷站在位置 B 拍摄的。

第七章

有 8 处不同。

第八章

最短线路到烽火台需要 16 步。

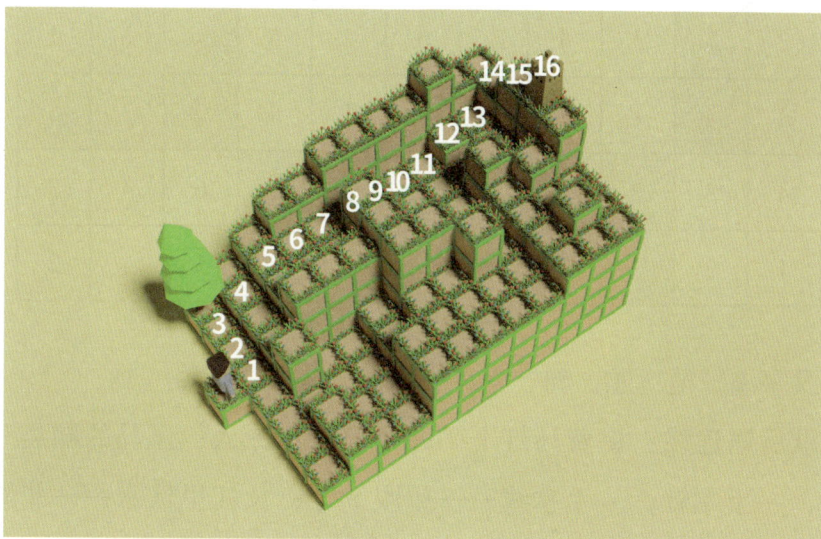

第九章

厨具和餐具有：平底锅、汤锅、菜刀、盘子、筷子、碗、水壶、水果刀、锅铲、锅勺、汤匙。

第十章

1. 数独：

5	6	3	1	2	4
2	4	1	3	5	6
3	2	5	4	6	1
4	1	6	2	3	5
1	5	2	6	4	3
6	3	4	5	1	2

2	1	3	4
3	4	1	2
4	3	2	1
1	2	3	4

2. 汉字添一笔：龙、匆、卉、吏、灰、买、丢、乱、酉。

3. 歇后语连线：提着马灯下矿井——步步深入；斑马的脑袋——头头是道；一手拿针，一手拿线——望眼欲穿；长江里饮水——非同小可（渴）；高山上敲鼓——远近闻名。

第十一章

游览过的动物场馆：1 熊猫馆、2 狮虎山、3 猴山、4 北极熊馆、5 大象馆、6 河马馆、7 长颈鹿馆、8 大猩猩馆。

第十二章

1. 隐藏的成语：电闪雷鸣、骄阳似火、绿树成荫。

2. 多余的一块如下图。

3. 书法作品：明月别枝惊鹊、清风半夜鸣蝉。

第十三章

1. 莫尔斯电码：号码 1 是 15162721334，号码 2 是 17741294653，号码 3 是 010–85375189。

第十四章

1. 挑绿豆：11 颗。

2. 描点图案：茶壶。

3. 双胞胎词语：一夫当关、万夫莫开；前事不忘、后事之师；只可意会、不可言传；十年树木、百年树人。

4. 成语接龙：一扫而光、光明正大、明察秋毫、深明大义、四海升平、平心静气、夜深人静、气宇轩昂、雄赳赳气昂昂、英雄豪杰、人杰地灵、义无反顾、顾此失彼、塞翁失马。

第十五章

1. 两幅图有 5 处不同。

第十六章

1. 脑筋急转弯：第一题，因为鹅是企鹅；第二题，会被偷走；第三题，袜口有洞才能穿进去。

2. 数字搭档如下图。

第十七章

1. 扑克配对：红桃 A 配黑桃 K，黑桃 5 配红桃 9，方片 8 配梅花 6，梅花 J 配方片 3，红桃 5 配黑桃 9。

2. 扑克运算：

$6=1+5=2+4=3+3=K-7=Q-6=J-5=10-4=9-3=8-2=7-1=2×3=Q÷2$

第十八章

1. 核桃仁对应红色瓶子，瓜子仁对应黄色瓶子，杏仁对应绿色瓶子，花生仁对应蓝色瓶子。

2. 对联一是理发店，对联二是文具店，对联三是洗浴中心，对联四是茶叶店，对联五是书店。

第十九章

1. 能组装成方盒的是 C。

2. 成语拼图：花团锦簇、欣欣向荣。

第二十二章

1. 燕子掉头如下图。

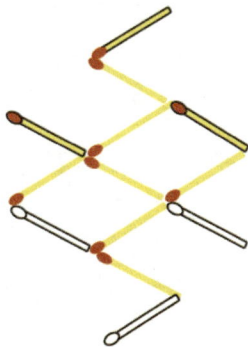

2. 字谜：巾、花、鲜。

第二十三章

两球相撞：图 1 不能相撞，图 2 可以相撞，图 3 可以相撞。

诚和敬老·幸福中国

北京诚和敬投资有限责任公司（以下简称"诚和敬"）由北京市国有资产经营有限责任公司（以下简称"国资公司"）于 2012 年 8 月出资 10 亿元设立，秉承国资公司"社会效益为首，经济效益为本"的经营理念，本着"诚实、和谐、敬爱"的企业价值观和"诚和敬老、幸福中国"的企业使命，致力于开创中国养老的新模式，成为全国最优秀的养老健康产业集团。

诚和敬创立机构型养老品牌——诚和敬长者公馆和社区型养老品牌——诚和敬养老驿站，目前已在北京东南西北布局 2 家大中型养老机构及 100 多家养老驿站，同时通过搭建"北京市养老驿站联盟"，实现了主城区和城市副中心的全覆盖，形成"大—中—小—家"的网络化布局，通过智慧养老管理平台，推行"智慧系统＋智能终端＋专业机构"的社区居家养老服务新模式。

为提升长者及其家庭的幸福感，诚和敬以养老驿站为依托，深入探索长者及其家庭所需，在提供日常基础服务的基础上不断开发创新服务内容。创建诚和敬乐智坊团队，专注研究认知症和帕金森病，综合国际成熟经验及本土创新，为长者及其家庭提供一站式专业服务解决方案；从关注老人生活需求出发，适老化团队致力于室内外环境改造，专注于提高长者居住环境的安全性和舒适度，营造多元化适老生活环境；携手南联航，秉持专业、科学、营养、健康、安全的管理理念，为长者打造航空品质老年营养餐；打造"讲述者""慰老迎新会"等品牌活动，为长者提供精神文化服务，特别是同歌华有线合作共建"诚和敬养老生活"专区，向北京市 540 万家庭提供精神娱乐、家庭护理及认知症照护等教育服务。

党的十九大报告提出，要加强和创新社会治理，打造共建共治共享的社会治理格局。诚和敬借助社区融入度高、服务综合性强、党建共建模式成熟等优势，以为老服务为中心，建设"时间银行"，通过统筹机构、驿站、社区和志愿者等资源，与社区共同开展"15 分钟救助圈"、党建共建、残疾人康复、幼儿照护、精神文化、便民服务、教育培训、社区维稳、农村互助养老等综合服务，不断提高社会公共服务的精细化和专业化水平。

目前，诚和敬已累计服务 280 万人次，在不断的发展与完善中，诚和敬以国有大型养老企业为主导，线下建设覆盖最广大家庭的驿站实体联盟，线上建设基于互联网技术并以大数据为生产力的综合养老服务平台，线下各驿站实体利用本地资源充分发展，线上平台对线下驿站实体进行业务赋能和高效管理，成为以养老服务为核心、面向居民和政府提供家庭生活服务和社会治理服务的新时代社区服务供应商。